装备建设与运用

——质量管理与监督篇

陶　帅　马晓蕊　著

西安电子科技大学出版社

内容简介

本书是地面装备领域人才全流程培养系列教材《装备建设与运用》之三——质量管理与监督篇。

全书共八章，内容分别为概述、质量管理与质量监督的发展历程和趋势、质量管理与质量监督的基本理论依据、质量管理与质量监督的构成和一般规律、质量管理与质量监督的思想和原则、质量管理与质量监督的体系、质量管理与质量监督的策划、质量管理与质量监督的模式等。

本书是装备建设与运用领域人才培养的理论基础部分，可作为专业培训用书，还可作为质量管理与质量监督相关专业人员的参考书。

图书在版编目（CIP）数据

装备建设与运用. 质量管理与监督篇 / 陶帅，马晓蕊著. —西安：西安电子科技大学出版社，2022.3

ISBN 978-7-5606-6352-4

Ⅰ. ①装… Ⅱ. ①陶… ②马… Ⅲ. ①武器装备管理—中国—教材
Ⅳ. ①E241

中国版本图书馆 CIP 数据核字(2021)第 268488 号

策划编辑　刘小莉

责任编辑　王晓莉　刘小莉

出版发行　西安电子科技大学出版社(西安市太白南路 2 号)

电　　话　(029)88202421　88201467　　邮　编　710071

网　　址　www.xduph.com　　　　　　电子邮箱　xdupfxb001@163.com

经　　销　新华书店

印刷单位　陕西天意印务有限责任公司

版　　次　2022 年 3 月第 1 版　　2022 年 3 月第 1 次印刷

开　　本　787 毫米×960 毫米　1/16　印　张　16

字　　数　172 千字

印　　数　1～1000 册

定　　价　43.00 元

ISBN 978-7-5606-6352 - 4/E

XDUP 6654001-1

如有印装问题可调换

前　言

　　经历了半个多世纪的发展，强调以顾客为中心、全员参与、以预防为主、对全过程进行持续改进的全面质量管理思想不断深入人心。ISO 9000 系列质量管理体系标准以及质量管理理论和方法已经在世界各国得到了普遍推广。但是，以管理者和产品形成、服务过程实施者为对象的质量监督研究较少，一般集中在行政管理领域。从国家行政管理的角度看待监督问题，可以说有些部门未能区分管理与监督职能，而将两者融为一体，以管代监或以监代管，混淆了激励、引导与督促、监察的作用和功能。其弊端在我国质量体系建设初级阶段的影响十分明显。在军民融合战略向深度融合发展的过程中，如果还不能将管理与监督职能区分实施，权责不明，将严重制约质量效能的发挥。

　　质量管理与质量监督的研究是涉及政治学、经济学、管理学、军事学等众多学科和领域的综合性课题。如何把这个涉及众多学科和内容的综合性课题纳入中国军民融合战略的大背景下进行深入探讨，是质量管理与质量监督的理论研究和实践探索所面临的一个新的挑战。本书通过采用规范研究的方法，并辅以系统研究法和比较研究法，将质量管理与质量监督作为一个整体，研究了其基本理论依据、理论基础、发展历程和趋势、构成和一般规律、思想和原则，并结合我国质量管理与质量监督的现状，提出了新的质量管理与质量监督的体系和过程，以适应我国当前社会与经济发展的要求。

全书共八章。第一章从比较的视角，介绍了质量管理与质量监督的概念、本质与内涵以及地位作用，明确了管理与监督在共同的目标下，在实施方式、对象等方面的不同。第二章重点介绍了质量管理与质量监督的发展历程和趋势，通过对管理与监督的产生与发展过程的梳理，展现管理与监督不同的功能与作用。第三章分别分析了管理与监督的理论基础，并从目标管理理论等方面说明了质量与质量监督的应用与发展。第四章分析了质量管理与质量监督的分类、构成要素和影响因素以及一般规律，以便明确质量管理与质量监督的原则。第五章介绍了质量管理与质量监督的思想和原则，突出强调了管理与监督的不同。第六章按照系统的方法，分析了质量体系框架下，质量管理与质量监督的不同体系结构，便于区分两者职能的差别。第七章基于管理与监督共有的过程属性，提出基于决策、策划、控制、评估的过程方法。第八章分析了国内外现有的质量管理与质量监督的模式，为质量管理者与质量监督者提供借鉴。

由于质量管理与质量监督涉及领域广泛，发展又非常迅速，加之作者的水平有限，书中许多观点是个人总结，难免会有一些值得进一步研究和探讨的问题。不妥之处，敬请广大读者批评指正。

编　者

2021 年 12 月

于大连小平岛

目　录

第一章 概　述

1.1　质量管理与质量监督的概念

1.1.1　质量、管理及监督的含义

1. 质量

质量(Mass)是指产品或工作的优劣程度(一组固有特性满足要求的程度)，在社会学领域是指(客观)价值或主体感受的现量，如(观察)社会质量(社会大众生活的适应性及水准)。

自古以来，对质量的定义有许多，主要的有下面五种：

(1) 资质器量。如三国时期魏人刘劭所著《人物志·九征》："凡人之质量，中和最贵矣。中和之质，必平淡无味。"

(2) 事物、产品或工作的优劣程度。杨世运等《从青工到副教授》："磷肥车间的生产记录本上，每天都记有几项质量分析数据，各数据相互制约，影响着产品质量。"

(3) 事物的优劣程度和数量。阿英《小品文谈》："从那时起，小品文是更加精练。在质量双方，都有很大的开展。"

（4）物体中所含物质的量，亦即物体惯性的大小。质量的国际单位是千克，其他常用单位有吨、克、毫克等。物体的质量一般用天平来称。同一物体的质量通常是一个常量，不因高度或纬度而改变。但根据爱因斯坦的相对论所阐述，同一物体的质量会随速度的变化而变化。

（5）指耐用程度的高低好坏。

随着社会经济和科学技术的发展，质量的内容也在不断充实、完善和深化，同样，人们对质量概念的认识也经历了一个不断发展和深化的历史过程。

在产品领域，质量的几个主要代表性的概念有：

（1）朱兰对质量的定义。

美国著名的质量管理专家朱兰(J.M.Juran)博士从用户的角度出发，提出了产品质量就是产品的适用性，即产品在使用时能成功地满足用户需要的程度。用户对产品的基本要求就是适用，适用性恰如其分地表达了质量的内涵。

（2）美国质量专家对质量的定义。

美国质量管理专家克劳斯比从生产者的角度出发，把质量概括为"产品符合规定要求的程度"；美国的质量管理大师德鲁克认为"质量就是满足需要"；全面质量控制的创始人菲根堡姆认为，产品或服务质量是指营销、设计、制造、维修中各种特性的综合体。

这几位质量专家的定义有两个方面的含义，即使用要求和满足程度。人们使用产品，总要对产品质量提出一定的要求，而这些要求往往受到使用时间、使用地点、使用对象、社会环境和市场竞争等因素的影响。这些因素发生变化，会使人们对同一产品提出不同的质量要求。因此，质量不是一个固定不变的概念，它是动态的、变化的、发展的，它随着时间、地点、使用对象的不同而不同，也随着社会的发展、技术的进步而不断更新和丰富。

用户对产品的使用要求的满足程度反映在产品的性能、经济特性、服务特性、环境特性和心理特性等方面。因此，质量是一个综合的概念。它并不要求技术特性越高越好，而是追求诸如性能、成本、数量、交货期、服务等因素的最佳组合，即所谓的最适当。

(3) ISO 8402 关于质量的定义。

质量是指反映实体满足明确或隐含需要能力的特性总和。这里对"需要"的理解要注意以下两点：

① 在合同环境中，需要是规定的，而在其他环境中，隐含需要则应加以识别和确定。

② 在许多情况下，需要会随时间而改变，这就要求定期修改规范。

(4) ISO 9000-2000 关于质量的定义。

国际标准化组织(ISO)2005 年颁布的 ISO 9000-2005《质量管理体系基础和术语》中对质量的定义是：一组固有特性满足要求的程度。

比较以上几个关于质量的概念，ISO 8402 的术语更能直接地表述质量的属性，由于它对质量的载体不做界定，说明质量是可以存在于不同领域或任何事物中的。

2. 管理

管理就是"管辖、治理"的意思，是指通过计划、组织、指挥、协调、控制及创新等手段，结合人力、物力、财力、信息等资源，以期高效地达到组织目标的过程。管理的目标是通过相应的措施，使事物的发展符合固有规律。

虽然人类从事管理活动的历史源远流长，但管理成为一门独立的科学还是近百年来的事情。100 年来，管理理论的发展主要经历了以下流派：最早出现的是泰勒开创的科学管理学派，也称为古典学派；继而出现了行为科学学派；到了现代，管理学派更为繁多，出现了社会系统学派、决策理论学派、系统管理学派、经验主义学派、组织行为学派、权变理论学派和管理科学学派等。这些学派之间甚至同一学派中的不同代表人物对管理概念的解释都有很大的差异。其中代表性较强、影响性较大的观点有：管理就是"确切地知道你要别人去干什么，并使他用最好的方法去干"；管理是一种职能活动，就是"实行计划、组织、指挥、协调和控制"；决策贯穿管理的全过程，"管理就是决策"；管理是一种系统；管理就是随机应变；管理是一种控制；管理是用数学模式与程序求出活动的最优解答；管理不只是一门科学，还是一种文化，有它自己的价值观、信仰、工具和语言；管理就是创造可使人高效率工作的组织环境；等等。

西方理论界对管理的定义，基本上或从管理的功能(职能)，或从管理方法，或从管理过程及目标的角度来界定，到目前为止，并没有形成一个大家公认的定义。主要原因有：

(1) 管理是一个属于历史范畴的概念，对其内涵和外延的认识随着时代的发展而不断变化，不同的历史时期对管理的看法和理解是大不一样的。

(2) 管理是一门新兴学科、交叉学科和边缘学科，由于在研究中采用了多种研究范式，这些范式往往既不相容又无法替代，无法形成统一的研究范式，因此必然会对管理的概念产生不同的认识。

(3) 管理是一门侧重于实践的学科，即使是最严格的科学研究也无法排除人的价值因素和各类情境要素的影响；基于不同学术背景、实践环境和个人认知而得出的认识必然具有巨大差异性。

由于多种因素的作用，自 20 世纪 60 年代就产生的"管理理论丛林"现象，时至今日也没有得到有效解决，相反，这片理论"丛林"成长得愈发茂盛，管理研究领域中的思想混战有愈演愈烈之势。

我国理论界对现代管理的研究有了空前的发展，取得了丰硕成果。在现有的学术著作中，虽然对管理这一概念内涵及外延的理解尚未取得统一的认识，但比较趋同的看法是：管理是一个活动过程，即管理是在一定组织中通过计划、组织、领导、协调和控制等方式有效地配置和使用各种资源以实现组织目标的活动过程。

3. 监督

监督即监察和督促，是指外力对行为的一种约束，即对现场或某一特定环节与过程进行监视、督促和管理，使其结果能达到预定的目标。监督是一种社会现象，也是现代政治生活中使用最多的一个词。早在东汉时期的著作《后汉书》中就已出现监督一词："古之遣将，上设监督之重，下建副二之任"，其意是指对派出去打仗的军官进行监察和督促。《周礼·地官·乡师》云"大丧用役则帅其民而至，遂治之"，汉郑玄注："治谓监督其事。"贾公彦疏："谓监当督察其事。"《隋书·炀帝纪上》说："(大业)二年春正月辛酉，东京成，赐监督者各有差。"《水浒传》第五十六回语：

"叫汤隆打起一把钩镰枪做样，却教雷横提调监督。"鲁迅《朝花夕拾·范爱农》语："我们要办一种报来监督他们。"其中都有监察、督促的意思。

国家标准 GJB 1405 A《装备质量管理术语》对质量监督的定义是：为了确保满足规定的要求，对组织、过程和产品的状况进行监视、验证、分析和督促的活动。监督的英文是"Supervision"，由"super"和"vision"两部分组成。"super"的意思是位居上方，"vision"指观察或者视察，而"Supervision"的直译就是"在上面进行视察"的意思。可见，无论是中国古代使用的"监督"还是英文的"Supervision"，原本都是指自上而下的察看。现在，监督的含义泛指一种监视、督促行为。

在学术领域，许多学者对监督也提出了不同的观点。毛宏升(2003 年)认为，监督就一般意义来说是指监察和督促。郑力(1996 年)认为，监督是指人们为了达到某种目标，对社会运行过程实行的监察督导、检查审核、防患促进的活动。江龙(2002 年)认为，监督是人们为了达到某种既定目标(或契约)而对社会经济的具体运行过程所实施的检查、审核、监察、督导活动，它是一种特殊的管理活动，属于管理范畴。侯少文(2003 年)则认为，监督就是权力的拥有者当其不便或者不能直接行使权力，而把权力委托给他人行使以后，控制后者按照自己的意志和利益行使权力的制度安排和行为过程。从词意溯源来看，《新华词典》将"监"解释为"从旁察看"，将"督"解释为"监管、察看"，两者连成一词"监督"，基本意思即是"监视、监测、察看、促进、促使，亦即从旁察看，发现问题，督促改进"。

在现今社会，监督几乎无处不在，无时不有，各种类型的监督覆盖了社会的各个领域。监督对我们来说，既熟悉又陌生。"熟悉"是因为现实生活中我们每一个人都自觉或不自觉地被监督或从事监督活动,"陌生"是相对于监督实践活动而言的。现在有关监督的理论研究还是相当滞后的,人们对监督的基本原理和基本规律尚缺乏深入研究,尚未形成一套完整、成熟的监督理论。为此,《军事经济监督论》总结相关概念,认为监督是指公民个人或组织为达到某种目标而对社会、政治、经济等运行过程实行的检查审核和监察督导及防患促进的活动。

4. 其他相关概念

1) 计划

计划是指对特定的项目、产品、过程或合同,规定由谁及何时应使用哪些程序和相关资源的过程和文档。这些程序通常包括所涉及的那些管理过程和产品实现过程。它通常引用操作指南的部分内容或程序文件,并作为计划的结果之一。

2) 项目

参照 GB/T 19016—2000 对项目的定义,可以认为项目是由一组有起止日期的、相互协调的受控活动组成的独特过程,该过程要达到符合包括时间、成本和资源的约束条件在内的规定要求的目标。单个项目可作为一个较大项目的组成部分。在一些项目中,随着项目的进展,其目标需修订或重新界定,产品特性需逐步确定。同时,项目的结果可以是单一或若干个产品。

3) 过程

过程是指一组将输入转化为输出的相互关联或相互作用的活动。其中,对形成的产品是否合格不易或不能经济地进行验证的过程,通常称为

"特殊过程"。一个过程的输入通常是其他过程的输出。组织或企业为了增值，通常会对过程进行策划并使其在受控条件下运行。

4) 产品

产品是过程的结果。通用的产品类别有四种：服务(如运输)、软件(如计算机程序、字典)、硬件(如发动机机械零件)、流程性材料(如润滑油)。

许多产品由不同类别的产品构成。服务、软件、硬件或流程性材料类别产品的区分取决于其主导成分。例如：产品汽车是由硬件(如轮胎)、流程性材料(如燃料、冷却液)、软件(如发动机控制软件、驾驶员手册)和服务(如销售人员所做的操作说明)所组成的。

服务通常是无形的并且是在供方和顾客接触面上至少需要完成一项活动的结果。例如：在顾客提供的有形产品(如维修的汽车)上所完成的活动；在顾客提供的无形产品(如为准备税款申报书所需的收益表)上所完成的活动；无形产品的交付(如知识传授方面的信息提供)；为顾客创造氛围(如在宾馆和饭店)。

软件由信息组成，通常是无形产品并可以方法、论文或程序的形式存在。

硬件通常是有形产品。其量具有计数的特性。

流程性材料通常是有形产品，其量具有连续的特性。

硬件和流程性材料经常被称为货物。

此外还有有效性和效率，它们是质量管理的评价概念。有效性是指完成策划的活动和达到策划结果的程度；效率是指达到的结果与所使用的资源之间的关系。

1.1.2 质量管理与质量监督

1. 质量管理

GS 6583.1 对质量管理的定义是："对确定和达到质量要求所必需的职能和活动的管理。"ISO 8402 对质量管理的定义是："全部管理职能的一个方面。该管理职能负责质量方针的制定和实施。"这种定义将质量管理作为企业管理的一个重要部分，质量管理的职能是负责质量方针的制定和实施，即制定质量方针和目标。为了实施质量方针和目标，必须建立完善的质量体系，以对影响产品质量的各种活动进行控制并开展质量保证活动。从总体上说，质量管理工作包括企业的质量战略计划、资源分配和其他系统性活动。

2. 质量监督

ISO 8402—1986(E)对质量监督的定义是：为确保满足质量要求，对程序、方法、条件、过程、产品或服务进行连续监视和验证，并按规定要求对记录进行分析。苏清友等学者认为，质量监督是指质量管理主体为获得较好的质量管理效果，对质量管理运行过程中的各项具体活动实施检查审核、监察督促和防患促进的一种管理活动。还有学者认为，质量监督是指为了确保满足规定的质量要求，对产品质量过程或体系的状态进行连续的监视和验证，并对记录进行分析的过程。《质量监督手册》中将质量监督定义为对质量的监察和督促，即依据工程建设法令、法规及质量标准对工程质量和形成质量的诸因素(人、机、料、工、环)随时进行监视性的检测和核验，对质量进行评价，对质量缺陷提出纠正措施，并监督落实。

在《技术状态管理与监督》中，苏清友等人将技术状态管理与监督过程包括标识、控制、纪实和审核 4 项相互关联的活动定义为质量监督。标识、控制、纪实、审核是管理与监督的主要活动，它们之间是相辅相成、互相促进关系，其目的是有效建立和保持基线。其中标识的目的是为控制提供依据，而控制活动本身就是保持基线的过程，纪实是为了对管理与监督过程实现可追溯性；审核的目的是对控制活动的检验，也是对所建立的基线及在后续活动中对基线保持状态的确认。标识、控制、纪实、审核这 4 项活动形成了的闭环管理，确保了技术状态管理与监督目标的实现。

质量监督按照微观和宏观，可以分为组织或企业内部的微观质量监督和组织或企业外部的宏观质量监督。而宏观质量监督又可分为行政监督、行业监督、社会监督。质量监督通过监察与督促形成制约、参与、预防、反馈等综合效能。质量监督一般由质量监督主体、质量监督客体、质量监督手段 3 个基本要素组成。质量监督在质量管理过程中具有制约、参与、预防和反馈 4 个方面的功能。

1.2　质量管理与质量监督的本质与内涵

1.2.1　管理与监督的本质

1. 管理的本质

虽然在管理学中，管理的定义仍然是众说纷纭，但仔细分析不难发现，它们都从某个侧面揭示了管理的本质。管理具有广义与狭义之分。广义的管理不仅包括组织中的管理活动，还包括个人对自己活动的安排。狭义的管理仅指组织中的管理活动。管理自从人类社会存在以来便已出现，是人类共同劳动的产物，具有同生产力和社会化大生产相联系的自然属性，同时，管理又具有同生产关系、社会制度相联系的社会属性，即管理的二重性。

马克思在《资本论》中指出："一切规模较大的直接社会劳动或共同劳动，都或多或少地需要指挥，以协调个人的活动，并执行生产总体的运动——不同于这一总体的独立器官的运动——所产生的各种一般职能。""凡是直接生产过程具有社会结合过程的形态，而不是表现为独立生产者独立劳动的地方，都必然会产生监督劳动和指挥劳动。"

管理的自然属性也称管理的生产力属性或一般性。在管理过程中，为实现组织目标，要对人、财、物、信息和时间等资源进行合理配置，对业务及职能活动进行协调运作，以实现生产力的科学组织。这种组织生产力的管理功能是由生产力引起的，反映了人与自然的关系，因此称为管理的自然属性。它是由生产力决定的，而与生产关系、社会制度无关，具有历史长期性。

管理的社会属性也称管理的生产属性或管理的特殊性。在管理过程中，为维护生产资料所有者的利益，需要调整人们之间的利益分配和协调人与人之间的关系。这种调整生产关系的管理功能，反映的是生产关系与社会制度的性质，因此称为管理的社会属性。管理的社会属性是由与管理相联系的生产关系和社会制度的性质决定的。在历史发展的过程中，不同社会形态下，管理的社会属性体现着统治阶级的意志，带有明显的政治性。

社会主义、资本主义及其他社会形态的管理的区别主要体现在管理的社会属性上。

2. 监督的本质

关于监督的本质，有学者从经济和政治两个不同角度提出了不同的看法。

从经济角度来看，就产权视角而言，监督是一种产权利益的界定与保护。"监督"的目的是为了减少"搭便车"行为以及偷懒行为，从而尽量使"团队"生产成员的报酬与其实际贡献率相等。从政治角度来看，监督孕育于权力的委托与受托的过程之中，是权力的拥有者和委托者与权力的受托者和行使者之间的权利义务关系。从政治学角度来看，监督的本质就是对权力的制衡。这种制衡可以分为两种形态：第一种形态为横向分权制衡型，即将权力分解为若干个部分，由不同的权力主体来行使，互相分立，彼此制衡、监督；第二种形态为纵向分权制衡型，即权力拥有者在纵向授权后，对被授予者行使权力的情况进行监视、督察。不论哪种形态的监督，其实质都是权力之间的制约。

实际上，经济角度的解释可以看做是监督产生的根源，政治角度的解释才是监督的本质。就其"本质"而言，监督包含：自上而下的察看之义；对同级的监察督促。在权力结构中，监督也并不局限于对下级官员的自上而下的监督。作为职能的监督，其目的就是提示督促、防止差错、治理和维护秩序。在现代汉语中，监督是"察看并督促"。

1.2.2　质量管理与质量监督的内涵

内涵是本质的外在反映。就质量管理与监督而言，其核心内涵是管理与监督在质量领域的特殊表现形式。

1. 质量的内涵

从质量定义可以看出，质量是一种客观事物具有某种能力的属性。客观事物只有具备了某种能力，才可能满足人们的需要。质量由两个层次构成。第一层次是产品或服务必须满足规定或潜在的需要，这种"需要"可以是技术规范中规定的要求，也可能是在技术规范中未注明，但用户在使用过程中实际存在的需要。这种"需要"是动态的、变化的、发展的和相对的，随时间、地点、使用对象和社会环境的变化而变化。因此，这里的"需要"实质上就是产品或服务的"适用性"。第二层次是建立在第一层次上的，即质量是产品特征和特性的总和。因为需要要加以表征，就必须转化成有指标的特征和特性，所以这些特征和特性通常是可以衡量的。全部符合特征和特性要求的产品就是满足用户需要的产品。因此，"质量"定义的第二个层次实质上就是产品的符合性。另外，质量的定义中所说"实体"是指可单独描述和研究的事物，它可以是活动、过程、产品、组织、体系、人以及它们的组合。就实体的特性和特征而言，可以做以下理解。

(1) 特性。所谓特性，是指可区分的特征。

① 固有特性。固有特性就是指某事或某物中本来就有的，尤其是那种永久的特性，如相机快门使用的次数。

② 赋予特性。赋予特性不是固有的，不是某事物本来就有的，而是产品完成后因不同的要求而对产品所增加的特性，如产品的价格、硬件产品的供货时间和运输要求(如运输方式)、售后服务要求(如保修时间)等特性。

(2) 需求是可分为明示的、隐含或者必须履行的。

① 明示的需求。一般是指在合同环境下以书面形式规定的各项条款，主要有法律法规的规定、供需双方达成的协议、供方企业内部的各种规定等。技术需求、市场需求和社会需求就属于明示的需求。

② 隐含的需求或期望。首先表现为一些众所周知但又没有或不必明确规定的需求。如餐馆饭菜质量，不能单单以营养成分来衡量，还必须考虑顾客的口味和习惯。其次，隐含的需求还表现为现有的条件下难以满足的合理需要。如易碎的物品如何防止其破碎往往就是一个难题，如果谁能够首先满足这种要求，那么就抢得了高质量的先机。

③ 必须履行的需求。这是指法律法规规定的，必须履行的有关健康、安全、环境、能源、自然资源、社会保障等方面的需求。比如说食品生产厂商的所有产品必须获得 QS 认证，如果没有获取，则不能上市销售。

上述关于质量的定义还可以从以下几个方面来理解。

(1) 对质量管理体系来说，质量的载体不仅针对产品，即过程的结果(如硬件、流程性材料、软件和服务)，也针对过程和体系或者它们的组合。也就是说，所谓质量，既可以是零部件、计算机软件或服务等产品的质量，也可以是某项活动的工作质量或某个过程的工作质量，还可以是指企业的信誉、体系的有效性。

(2) 用户和其他相关方对产品、体系或过程的质量要求是动态的、发展的和相对的。质量将随着时间、地点、环境的变化而变化，所以，应定期对质量进行评审，按照变化的需要和期望，相应地改进产品、体系或过程的质量，确保持续地满足顾客和其他相关方的要求。

(3)"质量"一词可用形容词如差、好或优秀等来修饰。在质量管理过程中,"质量"的含义是广义的,除了产品质量之外,还包括工作质量。质量管理不仅要管好产品本身的质量,还要管好质量赖以产生和形成的工作质量,并以工作质量为重点。

总之,按照广义的质量概念,从各个不同的侧面都可以表述质量的内涵:质量既包括明示需求,又包括隐含期望;既有符合性要求,又有适用性要求;既要符合客观需要,又要满足主观愿望;既要满足实用要求,又要满足感官享受;既要保证实物质量,又要注重服务质量;既要保证结果质量,又要符合体系质量;既要符合性能指标,又要符合用户使用要求;既包括有形质量,又包括无形质量;既要满足用户要求,又要不断改革创新;既要按时履约,又要保证均衡交付;既要提高产品质量,又要关注人本质量。

2. 质量管理与质量监督的内涵

1) 质量管理的内涵

管理的本质决定了无论任何领域的管理都是在一定环境中、组织中的管理者通过实施相应的职能(如计划、组织、领导和控制),有效地利用各种资源,以达到组织目标的过程。质量管理同样如此。

(1)质量管理是在一定的环境中进行的。任何一个质量管理组织都有一定的生存环境,包括组织的外部环境和内部环境。管理始终处于不断变化的环境之中。能否适应环境的变化,是决定质量管理成败的重要因素。

(2)质量管理是在一定的组织中进行的。由两个以上的人组成的有共同目标的组织的管理就像一个乐队要演奏乐章需要指挥(使演奏不同乐器的人员分工协作)一样，即指挥就是管理。管理是一切有组织的集体活动所不可缺少的要素。

(3) 质量管理的主体是管理者。所谓管理主体，是指在管理过程中具有主动支配和影响作用的要素。一切管理职能都要通过管理主体去发挥作用。要成为一名管理者，必须具备一定的素质和技能。

(4) 质量管理的客体是组织中的各种资源。所谓质量管理客体，也就是管理的对象，指的是管理过程中管理者所作用的产品对象。在一个组织中，管理客体主要是指人、财、物、信息、技术和时间等一切资源。

(5) 质量管理是一个过程。无论是"计划、组织、领导和控制"过程，还是"计划、组织、指挥、协调和控制"过程，还是"计划、组织、控制、激励和领导"过程，管理职能实施的经过构成了管理的过程。

(6) 质量管理的目的是实现组织的目标。管理本身并不是目的，管理是围绕组织目标进行的，其最终目的是要实现组织的目标，管理没有目标就是一种盲目的行动。世界上不存在没有目标的管理，也不可能实现无管理的目标。

2) 质量监督的内涵

作为一种特殊的监督，与其他监督一样，质量监督就是对质量领域权力的制衡，是对拥有和使用质量资源的权力进行制约。这种制衡也包括横向分权制衡型和纵向分权制衡型两种形态。

横向分权制衡型，即被监督单位内部对拥有和使用质量资源的权力进行分解，由不同的权力主体来行使，互相牵制，互相制衡，这实际上就是被监督单位的一种内部控制；纵向分权制衡型，即上级将拥有和使用质量资源的一部分权力授权给下级后，对被授予者行使权力的情况进行监视、督察，这实际上就是上级对下级的监督。不论哪种形态的监督，其实质都是拥有和使用质量资源的权力之间的制约。具体表现为不同的监督主体既可以是内部或外部相对独立单位、组织或个人，也可以是自身、用户、第三方或上级主管部门。

质量监督的依据是标准或合同，目的是保证产品满足质量要求，方式是通过对形成产品的程序、方法、条件或服务本身的连续监测和验证，发现各种缺陷，实现限期改进或质量否决权等。质量监督的时机是全过程对人流、物流、信息流进行连续的评价和分析。

以企业生产的产品为例。按照监督的对象，可以将质量监督分为合同质量监督、体系质量监督和产品质量监督三部分。合同质量监督主要是监视承制方合同及其附件中"质量保证条款要求""合同规格书""产品质量保证大纲""工作说明"以及"工作分解结构"等部分内容是否能够得到全面落实，它体现在过程质量的监督上。体系质量监督主要是监督质量体系的组织结构、责任、过程和资源是否能够保证正常和有效及持续的运转，它体现在工作质量的监督上。产品质量监督主要是对最终产品是否达到适用性要求而进行的质量跟踪和验证，它体现在直接以产品为对象而开展的产品质量监督上。在这三部分质量监督中，合同质量监督是依据，体系质量监督是基础，产品质量监督才是最终目的。

质量监督的外延也十分丰富。就质量监督的反映范围而言，监督质量具有以下表现形式。

(1) 质量监督的主观和客观表现。质量监督在主观上的反映有：质量监督理论、质量监督理念、质量监督观点和质量监督认识等。质量监督在客观上的反映有：质量监督组织、质量监督机构、质量监督制度、质量监督体制、质量监督机制、质量监督场所、质量监督人员、质量监督工具和质量监督手段等。

(2) 质量监督的形式和内容。质量监督在形式上的反映有：民主监督、法律监督、社会监督、内部监督、舆论监督、间接监督和直接监督等。质量监督在内容上的表现有：监督个人、监督财务、监督决策、监督行为和监督言论等。

(3) 质量监督的良性和恶性反映。质量监督在良性上的反映有：积极监督、主动监督、有效监督、配合监督、接受监督和服从监督等。质量监督在恶性上的反映有：逆反监督、抵触监督、回避监督、厌恶监督、拒绝监督或对抗监督等。

质量监督的特点可概括为以下 4 点。

(1) 监督内容的广泛性。质量监督是在合同环境中对程序、方法、条件、产品、过程以及服务进行连续监视和验证及评价。既要对硬件(产品、生产资源)进行监督，又要对软件(体系文件、大纲、手册、制度、服务)进行监督。这种在合同环境中把质量监督前伸后延的丰富内容，使质量监督在内容、时间和空间上的跨度较大，形成了监督内容的广泛性。

(2) 监督工作的经常性。军工生产的连续性、军品质量的波动性决定了质量监督工作具有经常性。只有经常不断地进行监督检查，才能获得完整的信息，才能从整体上了解和掌握质保体系的运转情况及产品质量的变化动态，才能通过对记录的分析和情况的综合，发现影响产品质量的潜在因素。

(3) 监督手段的法规性。质量监督是国家质量管理的重要职能，是贯彻执行国家质量法规和技术标准的有力手段，也是技术监督的重要组成部分。因此，质量监督是一种执法行为，必须以事实为基础，以标准为依据，以数据为支撑，严格按制度和程序进行，不可滥用职权。

(4) 监督过程的强制性。监督主体的活动必须以权与"法"的强制力量为保证。实践告诉人们，确定权力的行使界限不仅要有一定的规范，而且要有强制力量作为实施规范的坚强后盾。权力之间是互为界限的，缺乏以强制力量为实施保证的规范是很难对权力起到约束作用的。由于权力总是作为一种强制力量而存在的，因此监督如果离开了同样的强制，就会变得软弱无力。只有以权与"法"的强制力量为手段，才能迫使监督对象无论愿意与否都能接受监督主体的约束，才能保证监督主体不管监督对象愿意与否都能正常行使其职权。

1.2.3 质量管理与质量监督的关系

1. 质量管理与质量监督的联系

质量管理和质量监督具有共同的对象——产品。两者的共同目的都是为了满足规定的质量要求，且都是依照国家颁发的有关法令、条例、质量法规、标准以及合同要求，在对客观事实分析的基础上，对产品质量作出科学、公正的判断和结论。两者都具有预防和把关的作用。

质量管理与质量监督都是解决质量符合性，其中质量管理主要是通过对产品形成过程的管理，使组织产出符合性产品；质量监督主要是对质量保证体系的运转进行连续监视和评价，作出满足与否的结论。质量管理是从过程的角度来保证产品质量的符合性；质量监督是从预防和控制的角度来保证产品质量的符合性。

质量管理与质量监督相辅相成，互为补充。日常的质量监督，不仅验证了工厂质量保证工作的有效性，而且为产品质量管理提供了信息资料；反过来，质量管理也是对质量监督工作成效的支撑，并依据产品质量管理过程提出新的质量监督重点和要求。从而形成质量监督与质量管理工作的良性循环。

质量监督的"早期发现，及时纠偏"措施弥补了质量管理受多重因素影响、贯彻落实难的不足。质量监督立足于工作质量来保证产品质量，克服了质量管理易对组织其他目标让步的弱点。但是，如果没有质量管理，质量监督的成效出现的偏差就不能得到及时纠正。因此，质量管理与质量监督在质量工作中相辅相成，互为补充，不可偏废。

2. 质量管理与质量监督的区别

质量管理与质量监督存在以下方面区别：

(1) 质量管理与质量监督工作方式的区别。质量监督用广义的质量概念指导工作，强调要加强对工作质量和过程质量的有效监督，重点监督质量保证体系的完整性、有效性和强制性，从根本上提高质量保证能力。质量监督是主动式工作方式，而质量管理则是按照一定的工作流程，按照过程的方法实施的工作方式，其行为是"落实计划"。

(2) 质量管理与质量监督工作手段的区别。质量管理工作的着眼点是按照既定的目标和职责完成产品形成过程管理，对不符合合同规定与技术要求的过程产品都有权进行控制，在时间上具有持续性和全程性。而质量监督的着眼点是对质量过程计划、质量管理过程进行监督，它强调符合性。

(3) 质量管理与质量监督工作范围的区别。质量管理是按照既定的质量目标、合同文件、合同规定的范围进行，对象是质量特性，主要是对具体工件和产品进行管理。质量管理是对组织产品形成过程的管理。而质量监督的对象具有广泛性，从纵向看是全过程、全方位的全面质量监督，体现了对质量进行系统管理的思想；从横向看，凡是与质量相关的因素，都是质量监督的内容，既有宏观监督，又有微观监督，既有产品质量，又有质量管理者的工作质量监督，具有双重管理的特点。

1.3　质量管理与质量监督的地位作用

1.3.1　质量管理与质量监督的意义

质量问题关系经济社会转型发展，关系群众切身利益，是经济社会发展的重大战略问题。质量管理与质量监督作为质量保证和质量提升的重要途径，认识质量管理与质量监督的意义就是要清醒认识质量的重要性。

当前，在微观领域，我国存在企业质量监督管理体系不完善、标准重复矛盾、多重管理、从业人员质量管理意识淡薄、质量人才短缺等问题。在宏观层面，我国行业间、地区间、行业内企业间资源分配不均衡和资源错配现象十分突出，这会导致经济发展质量下降。因此，为了提升我国产品、服务、工程等领域的质量，通过质量管理和质量监督等措施，提升供给侧质量，减少资源错配，能够提高经济发展质量，推动我国迈入"质量时代"和建设质量强国。

党和国家对质量的重视是战略性的，也是实在具体的。习近平总书记针对质量问题作出了一系列重要论述，特别是在2016年中央经济工作会议上指出，供给侧结构性改革的主攻方向是提高供给质量，提升供给体系的中心任务是全面提高产品和服务质量，要树立质量第一的强烈意识，下最大气力抓全面提高质量，开展质量提升行动。李克强总理强调，要把提升质量作为推动供给结构、需求结构升级的重要抓手。2017年政府工作报告也明确要求要广泛开展质量提升行动。开展质量提升行动是党中央在科学研判当前我国经济发展形势、准确把握经济发展规律包括质量发展规律的基础上，经过深思熟虑而作出的重大战略部署，蕴含着重大而深远的意义。

(1) 强化质量管理与监督，提升质量是坚定不移走强国路、加快实现国家目标的战略举措。改革开放40余年来，我们创造了"中国奇迹"，同时也出现了"成长中的烦恼"，不平衡、不协调、不可持续问题突出。我国已成为世界第二大经济体，是一个发展中大国，正在走向社会主义现代化强国。中央提出"两个一百年"奋斗目标(在中国共产党成立100年时全面建成小康社会，在中华人民共和国成立100年时建成富强民主文明和谐的社会主义现代化国家)和加快实现中华民族伟大复兴的中国梦。围绕这两个奋斗目标，为了推动我国由大国迈向强国，我国在许多领域提出了强国目标和战略，诸如要加快建设制造强国、科技强国、文化强国，等等。所有这些强国目标和战略，最直接、最主要的衡量标准和追求目标无疑就是质量。质量强则国家强，质量兴则民族兴。某种意义上说，大国和强国的根本区别就是质量。从国际经验来看，当经济社会发展到一定程度、一定时期，许多国家往往把质量上升为国家战略来实施。20世纪初以来，美国出台了《产品责任法》《质量振兴法案》，设立了波多里奇国家质量奖；二战后日本掀起"质量救国"热潮，设立了"戴明奖"，推动广大企业实施全面质量管理；20世纪50年代，德国实施了"以质量推动品牌建设，以品牌助推产品出口"的质量政策，确立了"德国品牌、质量一流"的国家形象。这些国家都在经济转型发展的关键时期实施了"成功的质量革命"。新常态下，随着我国经济由高速增长转为中高速增长，发展由中低端水平迈向中高端水平，支撑经济增长的传统优势正在减弱，新的动力、新的优势亟待培育，已经到了依靠质量推动经济提质增效升级的关键时期。鉴于此，中央明确强调，要"把推动发展的立足点转到提高质量和效益上来""以提高发展质量和效益为中心"，党中央、国务院发布的《关于开展质量提升行动的指导意见》进一步提出"将质量强国战略放在更加突出的位置"。开展质量提升行动，就是以质取胜、强国圆梦的重大行动。

(2) 强化质量管理与监督，提升质量是推动产业转型升级、经济迈向中高端的战略举措。经过几代人几十年的奋斗，我国已形成门类齐全的产业产品体系，500多种主要工业品中有220多种产量列世界第一，中国制造行销全球，成为名副其实的制造大国和出口大国。我国质量总体水平明显提升，产品质量国家监督抽查合格率近3年都稳定在90%以上，2016年欧美对我国出口商品通报召回数量较5年前下降22.7%，相当数量的原材料、基础元器件、重大装备、消费类及高新技术类产品质量接近发达国家平均水平，载人航天、北斗卫星导航、高铁装备等一批重大技术装备取得突破，培育了一大批有国际影响力的自有品牌。但同时也要看到，我国质量水平的提高仍然滞后于经济发展，许多产业产品质量水平和创新能力不足，标准水平和可靠性不高，产品附加值不高，总体处于国际产业链和价值链的中低端。特别是当前我国制造业面临发达国家高端堵截与发展中国家后发追赶的"前后夹击"，德国、美国等纷纷实施"工业 4.0""再工业化"战略，打造技术和质量的双重优势。印度、巴西、越南等国家则以更低的成本优势，抢占制造业中低端。我国靠数量扩张和价格竞争为主的外贸增长模式难以为继。中央一直在强力推动产业转型升级，从规模速度型转向质量效率型，进而推动中国经济从中低端迈向中高端。实践证明，转型发展必须从质量着眼、从质量入手，加快转向质量型、差异化为主的竞争。要去低端产能，就要有基本的质量标准作为门槛；要迈向中高端，就要有较高的质量标准去引领。所以，提升质量是转型升级发展的一个重要突破口和抓手。这个突破口盯住了，就能冲出中低端；这个抓手抓住了，就能攀上中高端。

(3) 强化质量管理与监督，提升质量是改善供给结构、满足人民群众消费需求和对美好生活向往的战略举措。供给和需求是市场经济内在关系的两个基本方面，是既对立又统一的辩证关系。从供给侧看，当前我国经济运行的一个显著特征是走势分化。一方面产能过剩，主要是低端、落后的产能过剩；另一方面供给不足，特别是高端产品和服务供给不足。推进供给侧结构性改革，首要任务就是要减少无效和低端供给，扩大有效和中高端供给。从需求侧看，在解决了温饱问题、告别了短缺经济之后，老百姓对衣食住行的追求明显提高，质量需求也明显提高。相比之下，质量供给的短板就日益凸显，特别是时有发生的质量安全事件，既损害了群众利益，也损害了消费信心。正如习近平总书记指出的，我国不是需求不足，或没有需求，而是需求变了，供给的产品却没有变，质量、服务跟不上。有效供给能力不足带来大量"需求外溢"，消费能力严重外流，我国境外消费额近年来每年都超过 1 万亿元人民币。供给和需求密不可分，新的需求催生新的供给，新的供给创造新的需求。产品和服务连接供需两端，其质量水平对消费意愿和消费行为产生重要影响。改善供给结构、提高供给质量，就要从产品和服务抓起，把增进民生福祉、满足人民群众质量需求和对美好生活的向往作为提高供给质量的出发点和落脚点，促进质量发展成果全民共享，增强人民群众的质量获得感。提升质量，不仅满足国内消费需求，而且也能得到更多国外消费者的青睐，更深更广地融入全球供给体系，从而实现更高质量的供需平衡。因此，开展质量提升行动体现了真正对国家对人民负责，是真正的利国利民之举。

当前同发达国家相比，我国工业生产的技术水平固然落后，但我们的管理水平则更加落后。据日本某些经济学家的估计，我国改革开放初期，我国工业从某些部门的情况来看，在技术上相当于日本 20 世纪 70 年代的水平，落后于日本十多年，但是在管理上我们只相当于日本上世纪 60 年代的水平。这种估计不一定十分准确，但是不能不承认我们管理水平比技术水平相对落后这个客观事实。我国改革开放以来，从国外引进了不少新设备、新技术，但是往往不能生产出合格的产品，或者不能充分发挥生产能力，其原因主要不是掌握不了生产技术，而是由于协作不好，组织管理水平跟不上。特别是引进工作中的盲目重复，不分轻重缓急，不从实际出发，造成大量资财浪费，这是直接由于管理水平的落后所致的。因此，要促进经济的发展和各方面的进步，提高管理与监督水平是当务之急。

1.3.2　质量管理和质量监督的地位作用以及与其他管理间的关系

1. 质量管理和质量监督的地位作用

党的十九大报告指出，我国经济已由高速增长阶段转向高质量发展阶段，必须坚持质量第一，效益优先，……。国务院于 2017 年 9 月 5 日发布了《关于开展质量提升行动的指导意见》，作为第一个以党中央、国务院名义出台的质量工作纲领性文件，为全面开展质量提升行动明确了目标和路线图，预示着我国经济发展将向着"质量时代"加速迈进。这就需要我们扎实开展质量提升行动，加快推动质量强国建设。

为推动质量强国目标实现，《关于开展质量提升行动的指导意见》在主要举措方面提出了破除质量提升瓶颈的七大举措：质量攻关、质量标准、质量创新、质量管理、质量监管、质量品牌、质量共治。这些措施对于消除质量提升的痛点堵点难点、填平质量洼地、打造质量高地必将发挥重要作用。其中质量品牌既是举措，也是目标；质量创新是驱动力；质量攻关是以点带面的重要方式；质量标准是依据；质量共治是期望；质量管理、质量监督是保证。

(1) 管理在现代社会中的地位和作用决定了质量管理的价值。众所周知，科学技术进步决定了社会生产力水平，从而推动社会发展的进程。但是，仅有先进的科学技术，没有先进的管理水平，没有相应的管理科学的发展，先进的科学技术是无法得到推广和有效运用的。它的作用不但不可能得到充分的发挥，而且还会阻碍社会生产力的提高。因此，在当代，人们普遍认为，先进的科学技术和先进的管理科学是推动现代社会发展的"两个车轮"，缺一不可。这一点已为许多国家的发展经验所证明。还有人认为，管理是现代社会文明发展的三大支柱之一，它与科学和技术三足鼎立。国外的社会学者一般认为，19世纪时经济学家特别受欢迎，而20世纪40年代以后，却是管理人才的天下了。这些都表明管理在现代社会的发展中占有很重要的地位和起着很大的作用。由此也可以看出，质量管理与监督对于质量建设的重要性。

(2) 未来的社会更需要管理与监督。管理与监督是人类不可缺少的重要活动，随着未来社会共同劳动的规模日益扩大，劳动分工协作更加精细，社会化大生产日趋复杂，管理与监督就更加重要了。在人类经历了农业革命、工业革命这样两个文明浪潮以后，以全新技术为主要特征的"第三次浪潮"不久就会冲击到我们的身边。可以预测，全新的技术，高速度的发展必将需要一套更科学的管理与监督理论，才能使新的技术、新的能源、新的材料充分发挥它们的作用，比起过去和现在，未来的管理与监督在未来的社会中将处于更加重要的地位。

(3) 我国正处于全面建成小康社会决胜阶段和中国特色社会主义发展关键时期，必须以质量提升为突破口，向质量提升要动力，向质量管理与监督要效益。在质量提升过程中，需要强化质量管理与监督，推动经济发展升级，提升产品在国内外市场上的竞争优势，逐渐满足人民群众日益升级的消费需求。开展质量管理与监督常态化，不仅是质量提升行动的需求，更是国家建设持续发展的根本途径和谋长远的战略之策。我国经济体制改革的目标是集中精力把经济建设搞上去，建立社会主义市场经济体制，以利于进一步解放和发展生产力。

(4) 质量监督是国防建设和军队建设的重要保证。在信息化时代之前，一个国家的军事力量主要取决于军队兵员和武器装备的数量。然而，在信息化时代，质量上升到主导地位，数量退居到次要地位，军队建设方向已从数量规模型向质量效能型、从人力密集型向科技密集型转变。武器装备是构成部队战斗力的基本因素之一，武器装备的质量在一定程度上决定部队战斗力的强弱甚至战争的胜负。质量监督的主要作用就是进一步保证武器装备的质量。因此，质量监督工作对增强国防力量、提高部队战斗力有着举足轻重的影响。

根据管理与监督在社会发展中的地位和作用以及我国目前管理与监督的现状，提高管理与监督水平，加速管理与监督的现代化是重要前提。只有这样，才能使资金和技术发挥更大的效能，才能推广先进的科学技术，才能形成新的生产力。因此，我国的现代化建设，管理与监督是关键，管理与监督必须先行。要做到这一点，就必须认真学习和掌握并普及运用管理与监督的基础知识。这是提高我国管理与监督水平的一项重要的"基本建设"。

2. 质量管理和质量监督与其他管理之间的关系

1) 管理学与其他科学之间的联系

管理学属于综合性交叉学科。管理学的综合性表现为：在内容上，它需要从社会生活的各个领域与各个方面以及各种不同类型组织的管理活动中概括和抽象出对各门具体管理学科都具有普遍指导意义的管理思想、原理和方法；在方法上，它需要综合运用现代社会科学、自然科学和技术科学的成果来研究管理活动过程中普遍存在的基本规律和一般方法。管理活动是一项很复杂的活动，影响这一活动的因素有多种多样。除生产力、生产关系的基本因素外，还有一些自然因素以及政治、法律、社会、心理等社会性因素。因此，要搞好管理工作，必须考虑到组织内部和组织外部的多种错综复杂的因素，利用经济学、数学、生产力经济学、工程技术学、心理学、生理学、仿真学、行为科学等的研究成果，以及运筹学、系统工程、信息论、控制论、电子计算机等最新成就，对管理进行定性的描述和定量的预测，从中研究出行之有效的管理理论，并用以指导管理的实际工作。所以从管理学与许多学科相互关系来看，可以说，管理学是一门交叉学科或边缘学科，但从它又要综合利用上述多种学科的成果才能发挥自己的作用来看，它又是一门综合性的学科。

2) 质量管理与质量监督的学科定位

质量管理属于管理学的一个三级学科。管理学是一个一级学科，管理学下的二级学科企业管理下又设质量管理三级学科，且管理工程二级学科下设有质量控制与可靠性管理三级学科。虽然质量管理的学科定位如此，但由于管理学自身的综合性，以及质量管理上升到国家战略高度、全寿命质量管理理念的提出，因此其在管理工程二级学科内与战略管理、生产系统管理等都具有交叉部分。从二级学科的角度上来看，质量管理的发展离不开管理理论、管理心理学、科学学与科技管理学等二级学科的支撑。

质量监督当前并没有形成一个学科，但监督学是一个重要的社会学学科。质量监督可以分为企业监督和行政监督。从企业的角度来看，质量监督与管理学的行政管理二级学科、质量管理三级学科更为接近；从行政的角度来看，质量监督与政治学、经济学(以及博弈理论)等具有相关性。政治学的分权理论、经济学的成本收益理论等都对质量监督的形成和发展提供了重要理论保证。

质量是社会发展的现实需求，我国要迈入质量新时代，就是要"把产品做好，把工程做好，把服务做好，把管理做好"，促进发展质量和效益的全面提升。实现这些目标需要切实提高质量管理与监督水平和找准定位，经全社会的共同努力，"把人做好，把事做好"。

第二章 质量管理与质量监督的发展历程和趋势

2.1 质量管理与质量监督的产生

2.1.1 质量管理的产生

原始社会时期，我们的祖先就学会了利用工具(武器)来捕杀猎物。捕杀猎物过程是很危险的，尤其是在面对那些凶猛的野兽的时候，常常造成人员的伤亡。经过多次血淋淋的教训后，我们的祖先认识到，除了猛兽的凶猛和自身能力有限外，工具(武器)的问题是一个重要的、涉及生命安全的生活核心问题。虽然那时我们的祖先还不知道什么是质量，但却知道要去制造好的武器! 这就是质量意识的萌芽!

封建社会时期是质量意识的发展时期。同原始人一样，封建社会时期我们的祖先还是没有将"质量"这个词提出来，不过"质量"的意识却在他们留下的著作中处处体现出来。第一部质量法《礼记》详细记载了周朝对食品交易的规定:"五谷不分，果实未熟，不粥于市。" 而《考工记》则是一版杠杠的标准化操作指导书，记录了周朝关于各类器具制作标准及工艺规程,书中还包含了不合格品的判定标准(检验指导书),即记载有"审曲面势以饬五材,以辨民器"。

质量管理有了初步的意识——注重"追溯性"。早在先秦时期,《礼记》中"月令"篇提到:"物勒工名,以考其诚,工有不当,必行其罪,以究其情。"其意思是在生产的产品上刻上工匠或工场名字,目的是为了考查质量,如质量不好就要处罚和治罪。

秦始皇统一度量衡,避免了混淆、扯皮事情的发生,为提高产品质量奠定了基础。《唐律疏议·杂律门》中规定:测量工具必须每年8月接受检验,只有经过检验并带有检验印记的方可使用。

魏文王问扁鹊曰:"子昆弟三人其孰最善为医?"扁鹊曰:"长兄最善,中兄次之,扁鹊最为下。"魏文王曰:"可得闻邪?"扁鹊曰:"长兄于病视神,神未有形而除之,故名不出于家。中兄治病,其在毫毛,故名不出于闾。若扁鹊者,镵血脉,投毒药,副肌肤,闲而名出闻於诸侯。"此段文字大意是扁鹊长兄能将质量事故在"病"情发作之前就消除掉,才是质量管理的最高水平。从而说明事后控制不如事中控制,事中控制不如事前控制。这也是质量管理和控制思想最朴实的反映。

资本主义社会时期是质量管理概念形成的时期。封建社会是以手工业为主,其产品的质量完全是由工匠本身的技术水平来决定的。检验也掌握在工匠自己手中,主要是依靠工匠的实际操作经验,凭手摸、眼看等感官估计和简单的度量衡器测量而定。直到泰勒(F.W.Taylor,科学管理之父)通过研究劳动时间和工作方法,提出"科学管理"的理念,并形成了"质量管理"的概念,将检验从生产中分离。于是质量进入了新阶段。

2.1.2 质量监督的产生

1. 监督的产生

监督是随着公民权利意识的觉醒以及对公共权力认识的深化而逐渐产生和完善的。权力现象是与人类社会相伴产生的,人们对权力的研究也源远流长,时至今日,权力问题仍然是政治学研究的核心内容。由于研究权力制约与监督制度的目的是为了规范权力,同时权力也是权力制约与监督制度研究的逻辑起点,因此必须首先来认识权力,通过公共权力、权力异化来认识监督的产生原因。

公共权力是一种权力,但又不同于一般意义上的权力。权力是与人类相伴产生的,而公共权力是一种特殊的权力类型,是从氏族权力演化而来和随着国家形态的出现而产生的。氏族"是具有血缘亲属关系、同族内部禁止结婚的人们的集团,既是原始公社制度的社会经济单位,也是原始社会的社会组织"。为了解决内部成员的协作问题,产生了最初的公共管理活动,超越家庭权力的氏族权力由此而出现。管理所依靠的不是强力,而是管理者的威信和被管理者服从的自觉性。随着生产力的发展和私有制的出现,产生了阶级和阶级对立,氏族制度逐渐解体。由于阶级的出现及阶级矛盾的不可调和,为了维持社会秩序和解决人们之间的冲突,于是产生了国家。由于阶级矛盾和阶级对立的存在,因此需要一种具有公共权力的强制力机关来维持社会的存在,用于掌握并行使组织、协调和控制社会与个人,以及实现配置公共资源、处理公共事务、维护公共秩序和增进公共利益的权力。

异化作为一个哲学范畴反映的是一种主客体之间的对抗性关系,即指某物变成了异于原物的东西并反过来与原物对抗。权力异化就是指在权力运作过程产生了与自身相矛盾的对立力量，使权力丧失了原有质的规定性并与权力的原质相对抗，致使公共权力的运行及结果与其本应有的性质相背离。公共权力的行使是为了实现促进社会公共利益的这一目标，但是，由于公共权力具有的强制性和扩张性，决定了它只有在良好的制度框架内运行并被适当的人员和机构来行使时才有可能实现这一目标。而当这些条件缺失时，公共权力就会蜕变为为个人或集团谋取私利进而危害其他社会成员正当利益的工具，这种蜕变即为公共权力的异化。所谓公共权力异化，是指公共权力运行背离了自己的公共利益目的，即公共权力主体运用公共权力谋取私人或小团体利益。"权力腐败是权力异化的极端表现形式，是指掌握公共权力的人利用权力为个人谋取私利，使权力发生质变，使自身被腐蚀而堕落的现象。"

诚如孟德斯鸠所言："一切有权力的人都容易滥用权力，这是万古不易的一条经验。有权力的人们使用权力一直到遇到有界限的地方才休止。"也就是说，只要有权力就要有监督，监督与权力运行必须相伴相生。可以认为，监督自古有之，只是随着社会形态的发展而表现出不同的形式。在氏族时期，监督融于共同的管理之中。随着社会的发展，阶级矛盾的激化，监督逐渐通过特定的组织和机构形式来呈现，并逐渐凸显出其重要性。随着政治社会化与组织化程度的日益强化，政党的出现无疑满足了公共权力集约化行使的要求，而监督的内涵逐渐被完善。

2. 质量监督的产生

对质量监督而言，质量监督的对象是质量管理组织和人员，其伴随着质量管理的产生而产生。在我国的历史上，关于国家对兵器的监造有着广泛记载。据史料记载，古时对兵器的制造与管理始于周朝。据《周礼·夏官》记载，官方设有"夏官司马"一职，为"兵戈盾官之长"，下设"司甲""司戈盾""司弓矢"等职，主管"矛(音'结')朝""弓弩矢(音'服')"等兵器。秦朝是我国历史上第一个全国性中央集权专制的政权，当时秦军队的武器、铠甲等均由国家统一提供，设有专门的武库，官员设"右尚方令垂"一职。汉代设有"武库令""考工令""执金吾"等官职，主管制造弓弩、刀铠等兵器。三国时，设有"司金中郎将"。隋唐时期，均设有"卫尉卿""卫尉寺""兵部尚书侍郎"(掌车马甲械)、"库部即中员外郎"(掌戎器)等官职。这些时期的兵器监造实际上和兵器制造管理是统一的，并没有分离，兵器制造工厂的管理者同时也是兵器质量的监造者。例如，秦代的"承"这一职的人，他既是兵器制造厂的管理者，类似如今的车间主任，也是兵器质量的直接监管者，为军队提供足量质优的兵器。

随着社会进步和经济发展，这种既是管理者又是监督者的做法越来越暴露出它的弊端。于是从宋代开始，武器制造工厂的负责人和国家任命的武器监造者开始分离。到元代时，兵器制造有了较大发展，我国的金属管形射击火器——火铳开始出现。为了加强全国的兵器制造，朝廷在大都(今北京)设立了兵器管理机构，先后称"武备监""武备院""武备寺"，隶属于工部。元朝对武器的管理极为严格，除由政府组织兵器生产外，任何人都不许私造兵器，说明国家对武器制造的监管达到了相当高的水平。明朝时，热兵器中的金属管形射击火器有了较大发展，技术复杂程度进一步提高，于是在中央工部和内府之下设有"军器局""兵仗局"等机构掌管兵器制造，设有"武库郎中"等官职。据《中国火器史》记载，明朝时期设立了火锐制造机构，中央与地方相结合，军队与地方并举，按照统一的规格制造兵器。出土的公元1385年制造的大铁炮上的铭文有"水平府洪武十八年三月八日铸铜镜重60斤，匠造(应为监造)官铸匠保子"的字样。由此可见，对兵器的监造在明代已经形成了完整的制度。清朝基本沿袭了明代的兵器制造制度，分为中央制造和地方制造，由"兵部尚书"主管，设有"武库司""武备院"等机构，设"武库司郎中""武库司员外郎"等职。八旗兵所用兵器由兵部定式后移交工部制造。重要的火炮，由皇帝指派官员督造，制成的火炮都要由皇帝钦命的官员进行验收，合格后才能配发军队使用。在我国的历史上，"兵部""武库署""库部""军器监""武备监""军器所""武备院""武库司"等均为负责兵器制造与管理的机构，设有专门的官职。

我国在古代的各个朝代就对兵器的监造极为重视，并形成了较为严格的监造制度。古代中国的兵器监造制度开创了国家、军队对兵器生产的监督和管理先河，并为当代中国创建具有中国特色的监督制度积累了丰富的历史经验。

2.2　质量管理与质量监督的发展历程

2.2.1　质量管理的发展历程

质量管理作为一门新兴的学科，其发展历史不长，它是生产力发展的产物。按质量管理标志性成果以及所依据的手段和方式划分，我们可以将质量管理发展历史大致划分为以下 4 个阶段。

1. 质量管理萌芽阶段

质量管理萌芽阶段是指质量管理概念提出之前的时期。这个阶段从出现质量管理开始，一直到 19 世纪末资本主义的工厂逐步取代分散经营的家庭手工业作坊，工业化企业的大量出现，大批量生产成为可能时为止。这段时期受小生产经营方式或手工业作坊式生产经营方式的影响，产品质量主要依靠工人的实际操作经验，靠手摸、眼看等感官估计和简单的度量衡器测量而定。工人既是操作者又是质量检验者、质量管理者，且经验就是"标准"。质量标准的实施是靠"师傅带徒弟"的方式口授或手教进行的，因此，有人又称之为"操作者的质量管理"。《考工记》开头就写道"审曲面势以饬五材，以辨民器"。所谓"审曲面势"，就是对当时的手工业产品进行类型与规格的设计；"以饬五材"就是确定所用的原材料；"以辨民器"就是对生产出的产品要进行质量检查，合格者才能使用。

先秦时期，手工业产品主要是兵器、车辆、量器、钟、鼓等。由于兵器的质量是决定当时战争胜负的关键，是生死攸关的大事，因此质量管理就应更详尽、严格。如对弓箭，就分为"兵矢""田矢"和"旋矢"三类，对"弓"的原料选择规定"柏最好，其次是桔、木瓜、桑等，竹为下"，对弓体本身的弹射力、射出距离、速度以及对箭上的羽毛及其位置等亦有具体规定。这些规定都是根据实践经验总结出来的，目的是要生产出高质量的弓箭。

到公元 1073 年的北宋时期，为了加强对兵器的质量管理，专设了军器监。当时军器监总管沈括写的《梦溪笔谈》中就提到了当时兵器生产的质量管理情况。据古书记载，当时兵器生产数量剧增，质量标准也更具体。如对弓的质量标准就有下列六条：一是弓体轻巧而强度高；二是开弓容易且弹力大；三是多次使用，弓力不减弱；四是天气变化，无论冷热，弓力保持一致；五是射箭时弦声清脆、坚实；六是开弓时，弓体正、不偏扭。

2. 质量检验管理阶段

传统的质量管理是在生产过程中对产品进行检验和通过剔除不良品来保证质量的。在 20 世纪 20 年代以前，由于生产力不够发达，企业的生产规模一般都比较小，生产和管理职能的分工也不明确，质量管理的主要方式是生产者自产自检。随着社会生产力的发展，来源于传统手工业的质量检验管理引入了数理统计方法和其他工具之后，就进入了"统计质量管理"阶段。

资产阶级工业革命成功之后，机器工业生产取代了手工作坊式生产，企业规模不断扩大，企业的各种职能开始分离，于是产生了企业管理和质量检验管理。检验工作是这一阶段执行质量职能的主要内容。质量检验所使用的手段是各种各样的检测设备和仪表，方式是严格把关进行百分之百的检验。

1918 年前后，美国出现了以泰勒为代表的"科学管理运动"，强调工长在保证质量方面的作用，于是执行质量管理的责任就由操作者转移给工长。有人称这种管理为"工长的质量管理"。质量检验管理从操作工质量管理发展到专职检验员质量管理，即通过严格检验来控制和保证出厂或转入下道工序的产品质量。

1940 年以后，由于企业的规模扩大，企业中的管理职能逐渐与生产职能分开，质量检验的方式也从自产自检演变到由专职检验部门来完成。这一职能又由工长转移给专职的检验人员，大多数企业都设置专职的检验部门并直属厂长领导，负责全厂各生产单位的产品检验工作。有人称这种质量管理为"检验员的质量管理"，称这种质量检验为专职检验。

专职检验的特点是"三权分立"，即：有人专职制定标准(立法)；有人专职负责生产制造(执法)；有人专职按照标准检验产品质量(司法)。专职检验既是从产成品中挑出废品，保证出厂产品质量，又是一道重要的生产工序。通过检验，反馈质量信息，从而预防今后出现同类废品。

但我们又应看到，随着社会科技、文化和生产力的发展，显露出在质量检验管理阶段质量检验工作存在事后检验、全数检验、破坏性检验等很多不足。这种检验方式存在的弱点有：一是出现质量问题容易扯皮、推诿，缺乏系统优化的观念；二是它属于"事后检验"，无法在生产过程中完全起到预防、控制的作用，一经发现废品，就是"既成事实"，一般很难补救；三是它要求对成品进行百分之百的检验，这样做有时在经济上并不合理(它增加检验费用，延误出厂交货期限)，有时从技术上考虑也不可能(例如破坏性检验)，在生产规模扩大和大批量生产的情况下，这个弱点尤为突出。后来改为百分比抽样方法，以减少检验损失费用。但这种抽样方法片面认为样本和总体是成比例的，因此，抽取的样本数总是和检查批量数保持一个规定的比值，如百分之几或千分之几。但这实际上存在着大批严、小批宽，以致产品批量增大后，出现抽样检验越来越严格的情况，使相同质量的产品因批量大小不同而受到不同的处理。

我国在工业产品质量检验管理中，一直沿用了原苏联 20 世纪 40～60

年代使用的百分比抽样方法，直到 80 年代初，我国计数抽样检查标准制定贯彻后才逐步跨入第三个质量管理阶段——统计质量管理阶段。

3. 统计质量管理阶段

"事后检验""全数检验"存在的不足引起了人们的关注，一些质量管理专家、数学家开始注意质量检验的这些弱点，并设法运用数理统计的原理来解决这些问题。

第一次世界大战后，许多企业意识到采取质量控制的统计方法能够给企业带来巨额利润，很多国家(例如日本、墨西哥、印度、挪威、瑞典、丹麦、西德、荷兰、比利时、法国、意大利以及英国等)都开始积极开展统计质量控制活动，并取得了成效。利用数理统计原理，预防产出废品并检验产品质量的方法，将产品检验工作由专职检验人员转移给了专业的质量控制工程师承担。这标志着将事后检验的观念改变为预测质量事故的发生并事先加以预防的观念。

1924 年，美国贝尔电话实验室的工程师休哈特提出了第一张控制图，把影响产品质量的原因分为偶然原因和异常原因，利用控制图对异常原因进行跟踪处理，体现了预防为主的思想。1928 年，道奇和罗米格提出了"产品检查批容许不合格品率的概念及抽样方案"，而后又提出了"平均检出质量极限的概念及其抽样方案"，这些方案在贝尔实验室的大批量产品的生产中进行了无数次的应用，表明它是一种十分有效的质量管理方法。后来很多美国、英国科学家相继提出了一系列的统计检验方法。这些理论和方法都为现代统计质量管理奠定了坚实的基础，但是这些理论和方法在当时并没有引起重视。

第二次世界大战时期，美国民用企业参与生产军工产品，由于产品质量和交货期满足不了军方的要求，于是美国国防部邀请了包括休哈特在内的一大批科学家、工程师制定了 Z1.1《质量管理指南》、Z1.2《数据分析用控制图》和 Z1.3《生产过程中质量管理控制图法》，强制军工承包企业执行。时过半年之后，大见成效，引起了人们的广泛注意，大大促进了数理统计方法在质量管理中的应用。

从质量检验阶段发展到统计质量控制阶段，质量管理的理论和实践都发生了一次飞跃，从"事后把关"变成了预先控制，并很好地解决了全数检验和破坏性检验的问题。

在这一阶段，由于过多地强调了统计方法的作用，忽视了其他方法和组织管理对质量的影响，使人们误认为质量管理就是统计方法，而且这种方法又高深莫测，让人们望而生畏。质量管理变成了统计学家的事情，限制了统计方法的推广发展，同时也限制了质量管理的范畴(将质量的控制和管理局限在制造和检验部门)。同时，这个阶段过分强调质量控制的统计方法，忽视了其组织管理工作，使得人们误认为"质量管理就是统计方法"，另外数理统计方法理论比较深奥，是"质量管理专家的事情"，因而人们对质量管理产生了一种"高不可攀，望而生畏"的感觉。这在一定程度上限制了质量管理统计方法的普及推广。

我国 20 世纪 70 年代末开始制定数理统计标准，1981 年 11 月成立了全国统计方法应用标准化技术委员会(与 ISO/TC69 对应)，现已初步形成一个数理统计方法标准体系。该标准体系主要有六个方面的标准：一是数理统计方法术语与数据标准；二是数据的统计处理和解释；三是控制标准；

四是以数据统计方法为基础的抽样检查方法标准；五是测量方法和结果的精度分析标准；六是可靠性统计方法标准。20世纪80年代以后，产品可靠性已成为产品质量的重要指标。因此制订了GB2689.1～GB2689.4《恒定应力寿命试验和加速寿命试验方法总则》等4个关于寿命试验和加速寿命试验方面的标准，以及GB5080《设备可靠性试验》标准等。上述六个方面的数理统计方法标准在质量管理过程中的实施，大大改进了产品质量，使"事后检验"转变为"事前预防"，从而较有效地控制了产品或工程质量。但不可否认的是，由于我国企业管理水平及职工文化素质较低等方面的原因，有相当一部分企业对此"望而生畏"，从而影响了数理统计方法的推广应用。

4．现代质量管理阶段

20世纪60年代，社会生产力迅速发展，科学技术日新月异，质量管理上也出现了很多新情况。质量管理与系统工程结合，质量管理迈进了现代质量管理阶段。

在这一阶段，一是人们对产品质量的要求更高更多了。过去对产品的要求一般只注重于产品的使用性能，现在又增加了耐用性、美观性、可靠性、安全性、可信性、经济性等要求。二是在生产技术和质量管理活动中广泛应用了系统分析的概念。它要求用系统的观点分析研究质量问题，把质量管理看成是处于较大系统(例如企业管理，甚至整个社会系统)中的一个子系统。三是管理科学理论又有了一些新发展，其中突出的一点就是重视人的因素，"职工参与管理"强调要依靠广大职工搞好质量管理。四是"保护消费者权益"运动的兴起。20世纪60年代初，许多国家的广大消费者为保护自己的利益，纷纷组织起来同伪劣产品的生产销售企业抗争。朱兰认为，保护消费者权益运动是质量管理学在理论和实践方面的重大发展动力。五是随着市场竞争，尤其是国际市场竞争的加剧，各国企业越来越重视产品责任(PL)和质量保证(QA)问题。

但是，仅仅依赖质量检验和运用统计方法是很难保证与提高产品质量的。同时，把质量职能完全交给专门的质量控制工程师和技术人员显然也是不妥的。因此，许多企业开始了全面质量管理的实践。

最早提出全面质量管理概念的是美国通用电气公司质量经理菲根堡姆。1961 年，他的著作《全面质量管理》出版。该书强调执行质量职能是公司全体人员的责任,应该使企业全体人员都具有质量意识和承担质量的责任。他指出："全面质量管理是为了能够在最经济的水平上并考虑到充分满足用户要求的条件下进行市场研究、设计、生产和服务，把企业各部门的研制质量、维持质量和提高质量的活动构成为一体的有效体系。"

我国自 1987 年推行全面质量管理以来,在实践和理论上都发展较快。全面质量管理正从工业企业逐步推行到交通运输、邮电、商业企业和乡镇企业，甚至有些金融、卫生等方面的企事业单位也已积极推行全面质量管理。1988 年，质量管理的一些概念和方法先后被融入国家标准。1992 年，我国开始采用 ISO 9000《质量管理和质量保证》系列标准，广大企业在认真总结全面质量管理经验与教训的基础上，通过宣贯 GB/T19000 系列标准，以进一步全面深入地推行这种现代国际通用质量管理方法。

回顾质量管理的发展历史，可以清楚地看到，人们在解决质量问题中所运用的方法、手段是在不断发展和完善的，而这一过程又是同社会科学技术的进步和生产力水平的不断提高密切相关的。同样可以预料，随着新技术革命的兴起，以及由此而提出的挑战，人们解决质量问题的方法、手段必然会更为完善、丰富。质量管理的发展已进入一个新的阶段——现代质量管理工程阶段。

值得注意的是：我们在推行质量管理过程中，必须鼓励"百花齐放"，不可能也没有必要只推崇一种质量管理模式；相反，要倡导适合各种行业、各企事业特点的先进、实用有效的质量管理方法。这样，才能真正形成中国特色的质量管理方法，并为世界质量管理科学的发展作出贡献。

2.2.2 质量监督的发展历程

监督随着社会形态和体制的变化而变化。质量监督则随着商品的出现而逐渐形成，并随商品的规模化生产日趋完善。质量监督的发展历程可分为4个阶段。

1. 质量监督萌芽阶段

在原始社会，人们生活在以血缘关系为基础的氏族组织里，氏族内部没有专门的军队、警察、法庭、监狱等强制力机构，也没有严格的社会等级划分。氏族组织的管理活动主要是组织生产、分配，调解内部纠纷，处理对外交涉和其他共同事务。生产资料和劳动产品共同占有，所有劳动工具共同管理，共同监督，管理与监督共存。到原始社会末期，随着社会生产力的发展，逐渐出现了剩余品，于是有了氏族(或部落)之间的剩余品偶然交换。随着社会生产力的发展，当畜牧业和农业分工发生时，商品的交换才逐渐扩大。随后，随着手工业和农业的分工，出现了直接以交换为目的的商品生产，于是出现了商品经济。但用于交换的普通商品都是基于自愿原则，并没有形成商品质量监督。

大约在六七千年前，活动在黄河流域的一些氏族部落开始进入新石器时代中期，形成了最初的部落和部落联盟。人们在生产中使用的渔猎农具在劳作过程中使用外，还可用于防身，如对付野兽。然而，随着人口的发展和生产的需要，有时会因为争夺水源、草地和复仇等利害纠纷引起武力冲突，从而使生产工具逐渐转变为械斗工具。在公元前五千年的新石器时代晚期，部分氏族部落由母系氏族向父系氏族过渡，原始冶铜业的出现和红铜的使用使社会生产力大幅提高，私人占有财产现象逐渐产生，部落之间的武力冲突规模扩大，部落战争随之出现，石刀等原始"武器"已经不能满足争斗的需要，于是出现了由少数人制作的、与生产工具不同的武器。史料记载的炎帝、黄帝、蚩尤等各方都曾创制过一些专用于作战的武器。《世本·作篇》中有"蚩尤作兵"。黄帝的大臣"挥"和"夷牟"分别制造了弓和矢。《河图鱼图》指出，蚩尤"造五兵……威震天下"。《吕氏春秋》认为，"未有蚩尤之时，民固削林木以战"，从而说明蚩尤之前无专用兵器。

尧舜时期，开设"工司"统领兵器制造之事。司马迁《史记·五帝本纪》中说，帝尧放勋曾让左右辅佐之人推荐治理天下和治理洪水的人才，"兜进言共工，尧曰不可，而试之以工师"。帝尧没有让共工治理天下而委任其为统领百工治水的"工师"一事，说明当时部落联盟的领导者和从事手工业的人已经有了分工，包括兵器制造在内的各工种，最初都包含在百工之中。"工师"是百工的头人，兵器制造者在其统领下制造形制构造和用途多样的兵器与生产工具。尧去世后，舜承尧规，选拔能人管理天下百业，他让"垂主工师"管理百工之事。质量监督由此萌芽。

2．质量单向监督阶段

奴隶社会和封建社会时期属于质量的单向监督阶段，这一时期的产品质量监督是一种自上而下的单向监督，监督执行者代表奴隶主、封建统治阶级的利益。监督主要用于权力的制衡，而在产品领域的监督主要体现在兵器制造方面，具有极强的强制性。

公元前 21 世纪，夏王朝建立，中国开始进入第一个阶级社会——奴隶社会。奴隶主们为建立和巩固自己的统治，强迫大批奴隶为他们构筑城郭和都邑，建立军队，制造兵器。至此，专为战争使用的工具——兵器便与生产工具分离而独立存在。此时，专业的兵器制造作坊随之出现，许多新型兵器随着新型材料的不断出现而日益精巧。也是在这一时期，产品的生产，特别是兵器的生产分为了民间自用和国家定制两种类型。对于民间自用产品，其质量主要依赖于生产者的自觉和其所处"市场"环境。从质量监督角度来看，民间自用产品还未形成较为成熟的行业规范，生产过程大部分属于自我监督。而在国家定制领域，质量管理由于具有单向管理的特点，具有十分明显的强制性和规范性。

在当时的社会中，质量标准基本上还是实践经验的总结，虽然创造了规矩、准绳等工具，但产品质量主要依靠工匠的实际操作技术，靠手摸、眼看等感官估量和监督的度量衡器测量而定，靠师傅传授技术经验来达到标准。除民间自用产品外，国家定制产品的供应对象是国家和军队，质量管理与监督十分严厉。历代封建王朝对产品都规定了一些成品验收制度和质量不好后的处罚措施。官府监造的产品一般都由生产者自检后再由官方派员验收，而且秦、汉、唐、宋、明、清都以法律的形式颁布了对产品质量不好的处罚措施，如笞(杖打 30、40、50 次)、没收、罚款和对官吏撤职或降职等处罚规定。

我国在古代的各个朝代就对兵器的监造极为重视，形成了较为严格的监造制度。古代中国的兵器监造制度开创了国家、军队对兵器生产的监督和管理先河，并为当代中国创建具有中国特色的军事代表制度、装备采购制度积累了丰富的历史经验，值得当代学者和管理者借鉴。

3. 质量全面监督阶段

质量监督是随着质量管理的发展而逐渐完善的。现代工业是一个极其复杂的过程体系。在这个过程中，由于各种主客观因素的影响，与产品形成相关的各个领域都可能对产品质量产生重要影响。早在 1949 年，为了加强对工商业加工产品质量的监督，在一部分重点城市建立了工业产品质量检验所，对工业产品的质量进行监督检验。随着全面质量管理理念的提出，在 20 世纪 70 年代，质量监督随着现代质量管理的完善，逐渐发展到全面监督阶段。

中国的质量监督与国民经济同步发展。随着国民经济的发展，特别是随着大规模工业建设、对外贸易的发展，以及保护人民健康和生命安全的需要，国家相继建立了一些专业性的检验机构，如进出口商品检验所、船舶检验所、药品检验所、锅炉和压力容器安全检验所，开展了部分专业性的质量监督检验工作。为了满足经济发展对产品质量提出的新要求，1978年 8 月，国务院批准组建了原国家标准局，负责统一管理、组织和指导全国的质量监督工作。同时产品质量的国家监督制度也逐步建立健全了起来，已形成由国家质量监督检验检疫总局统一管理和组织协调，由省以下实行垂直管理，以国家行政执法监督为主体，以各行业主管部门的行业监督为辅，以有关社会团体、新闻媒介、用户(消费者)的社会监督为补充的质量监督体系。

20世纪90年代，中国的产品质量监督检验网也已基本形成，并且在质量监督和检验活动中发挥着重要作用。食品卫生检验、药品检验、纤维检验、船舶和船用产品检验、锅炉和压力容器安全检验、出入境商品检验、动植物检验检疫、核安全检验、环境质量检验、民用航空器检验等专业性检验机构也得到了进一步充实和完善。所有这些机构承担了国家、行业(部门)、地方和社会各方面及中国境外的各类检验任务。消费者勇于用《产品质量法》《保护消费者权益法》保护自己的合法权益的风气已经形成，新闻媒体揭露伪劣产品和伪劣服务、支持和引导消费者保护自己权益的舆论导向也起了积极的作用。目前绝大多数消费者在购买到伪劣商品或遇到不好的服务时都能及时投诉，积极反馈质量改进的意见和建议。这些意见和建议对企业是宝贵的信息，为企业提供了改进产品的机会。为创造最佳质量，优质工程、优质服务要起到舆论监督作用，且要在全社会形成一种人人是监督者，使生产和销售伪劣产品者感到可耻，生产优质产品者感到光荣。消费者的监督已成为国家质量监督体系中不可缺少的组成部分。

2.3 质量管理与质量监督的发展趋势

美国著名质量管理专家朱兰博士在1994年举办的美国质量管理大会

上提出，"21世纪将是质量的世纪"。质量问题将不再仅是某个行业的问题，而是将成为一个国家经济发展的重大战略问题。

1. 产品竞争核心由价格转向质量

在资源逐渐匮乏的今天，粗放经营的边际成本随着人力成本等提升而急剧增加，消费者理性的回归，导致价格不再是产品的核心竞争力。同时，国际贸易规则的逐渐完善，恶性的价格竞争，不仅会使企业利润锐减，甚至还可能构成倾销而受到谴责和惩罚。

20世纪90年代以来，商品的质量竞争逐渐成为世界各国非价格竞争的主要因素，并逐渐取代价格竞争。随着国际化进程的加快，产品的比较优势逐渐降低，而产品差异化日益显著。同时，消费者的购买力逐渐提高，其对产品的要求从原有能力具备需求转为适用型需求。国际大型公司越来越重视非价格竞争，其通过改善产品的质量性能和售后服务等保障，搭建良好的产品生产、服务平台，凝聚忠实的消费群体，从而产生持续的效益。

随着科学技术在产品产生过程中的地位日益突出，西方"比较竞争优势"理念的两个核心问题——"利益如何分配"与"国家间的利益矛盾"在产品创新领域凸显。就像一部苹果手机，美国拥有技术优势，理念与技术来自美国，而中国人力成本低，那么应该在中国生产、加工与组装。由此，这部苹果手机就实现了最优选择。当美国掌握核心技术时，那么它就会获得绝大多利益，而中国则仅仅是出卖劳动力，收益甚微。而中国要发展，就必须要提升自身产品的技术水平，进行创新发展，提升产品质量。

2. 用户体验逐渐成为全面质量管理的新标准

用户体验是信息化时代产品管理的新理念和必然方向，产品开发者可以利用用户或体验者在体验过程中的反馈把握产品状态，分析和挖掘运(行)维(护)和业务价值，评价系统的质量和服务水平。Network Computing 调查结果表明，现代产品改进计划有 30％的因素是基于用户的体验进行的。

用户体验关注用户的行为习惯和心理感受，强调设计者要沉浸在用户的使用环境中，探索用户状态和产品性能的内在规律；并通过可用性实验和用户测试等方式，结合尽可能多的产品和系统相关者的需求，在设计—测试—修改反复循环的开发流程中调整总体方案，以满足尽可能多的潜在用户需求。当前产品创新形态正在由"以功能为核心"向"以用户为中心"转变，用户体验因此被称作是创新 2.0 模式的精髓，并成为中国面向知识社会创新 2.0——应用创新园区模式的首要创新机制。

虽然用户体验理念到 21 世纪 90 年代中期才被大众认知，但其产品早已广泛应用于军事、航天等领域。美国海军耗费十多年时间，以操作人员的行为大样本数据为评价依据，不断完善"宙斯盾"系统软件的界面和元素设计，使系统"人在回路"的一个拦截波次反应时间缩短了 4 秒。美国国防部于 2012 年提出的联合信息环境建设计划，则是以加快作战人员信息获取速度和降低终端用户使用复杂性为目的的。当前，谷歌公司凭借其在虚拟现实等技术领域的优势，努力开发功能集成、操作简易、交互友好的"小设备"，为美国军队新一代可穿戴设备引入实战与满足军方战术通信需求提供了重要支撑。

3. 全员参与逐渐成为现在质量管理与质量监督的新理念

质量管理与质量监督是贯穿于产品全寿命的一种基本管理，各个部门和环节必须不断提高工作质量，才能保证产品质量，从而推动产品质量的提高。实践证明，质量管理与质量监督和经济效益成正比。追求质量保证、追求质量的持续改进，即追求可持续发展已成为新时代的新时尚。

高层管理者在质量管理与质量监督中起着关键作用。高层管理者不仅要确定质量方针和质量目标，而且还须创造一个全体人员能充分参与并发挥才干的环境和能实施方针与目标的氛围。高层管理者必须制定满足服务对象需求和期望的相应政策和策略，为本单位描绘未来的蓝图。只有这样，才能吸引全体人员积极投身于创造性工作中去，为产品的持续改进做出最大的贡献。

产品的生产者的地位突出。原来的"零缺陷"要求或开展"零缺陷"活动要求注重产品质量只是一种精神激励。随着高新技术的发展，使"零缺陷"变为可能。但这种可能变为现实的重要保证，不仅在于现代技术的发展，更加依赖于人员的严谨、精细的操作和严格的质量管理与质量监督。如此严格的质量管理与质量监督要求给质量管理、质量控制、质量监督带来了新的挑战。因此必须加强过程管理，要用系统论进行整体系统分析，采用控制论研究过程与过程之间的相互作用来提高系统纠错的能力，确保系统的有效性和效率。发达国家一些高新技术产业已将"零缺陷"作为追求最大利益、保持可持续发展的永恒目标。

检验是为监督服务的一个重要环节。其根据技术标准，对原材料、半成品、成品以及工艺过程质量进行检验把关，保证不合格材料不投产，不合格零件不转序，不合格半成品不使用，不合格产品不输出。这些是质量监督的传统作用。无论是封建社会还是资本主义社会初期，国家和社会对产品的质量管理基本处在产品生产和制造环节,从而限定了质量监督的范围。在全面质量监督阶段,质量监督的对象和主体急剧扩大。质量监督的对象不再限定于产品生产过程本身,而是向产品的需求、论证、研发、生产、使用等全寿命阶段"前伸后延"。通过需求和论证的前期策划监督,可大量节约成本,并尽可能避免无效产品的输出;通过研发过程监督,及时发现产品潜在问题,避免资源的浪费;通过生产检验,提高产品合格率;通过使用监督,提高产品使用寿命。质量监督的主体也不仅限于产品流水线上的产品生产者,而是从产品概念产生到产品报废全过程的各个参与主体都具有一定的监督功能。

4. 国际标准化成为信息时代的内在要求

在国际上,产品质量认证是1903年从英国开始的,当时是对合格产品挂上风筝标志。1987年国际标准化组织颁布了ISO 9000系列标准,按3个质量保证模式标准进行认证,很快风靡世界,至2000年底已有35万多个企业符合质量保证模式标准要求,获得质量体系认证证书。我国质量认证是在"晚起步,高起点"的原则下开展起来,发展非常迅猛,至2001年7月,我国企业共获得65 000余张产品质量认证证书。

通过质量认证,可以使产品生产者具有多方面的优势。一是强调以用户为中心的理念,明确产品生产者可以通过各种手段去获取、理解和确定用户的要求,通过对质量管理体系中各个过程的运作满足用户要求甚至超越用户要求,并通过用户满意度测量来获取用户满意程度的感受,以不断提高产品生产者在用户心中的地位。二是明确产品生产者管理层直接参与质量管理体系活动。三是明确各职能和层次人员的职责权限以及相互关系。四是明确控制可能产生不合格产品的各个环节，对不合格产品进行隔离。五是通过单一的第三方注册审核代替累赘的第二方工厂审查，以更深层次地发现产品生产者存在的问题。六是获取客户配套资格的敲门砖。

国际标准化组织合格评定委员会(CASCO)、质量管理和质量保证技术委员会(ISO /TC 176)和国际认可论坛(IAF)经过多年的努力，于1998年1月在我国的广州使17个国家的16个认可委员会在国际多边认可协议上签字，这标志着认证走上了国际互认的时代。认证只有通过在国际上互认才能消除贸易技术壁垒，使双边和多边合作在公平竞争的环境中进行。通过国际范围的评价和认可，自由竞争的国际市场才有可能在规范化的条件下，使各相关方均获得利益。

5. 品牌逐渐成为各国文化战略的重要组成部分

信息时代，国际经济竞争越来越明显地表现为科学技术、人才和产品质量的竞争。产品质量的竞争已表现为名牌产品的竞争。随着人们消费层次的不断提高，对名牌的需求会越来越强。纵观国际知名的大公司，都有拳头名牌产品。名牌就是无形资产，就是财富，因此，一个民族要自立于世界民族之林，就必须有一大批世界公认、堪称一流的名牌产品。名牌就是高质量，名牌就是国家的形象，因此，许多工业发达国家为了取得竞争优势，就牢牢掌握着名牌产品销售的"制高点"和控制权。争创名牌是质量管理的中心任务。

第三章 质量管理与质量监督的基本理论依据

3.1 质量管理基础理论

现代管理的基础理论总体上是在西方文化背景下，以资本主义政治理论、市场经济理论、现代管理理论为基础，以现代科技革命、现代产业革命和现代军事革命相关理论为支撑，所实施的管理理论。与质量管理相关的理论主要包含科学管理理论和系统管理理论。

3.1.1 科学管理理论

科学管理理论不仅是指泰勒在《科学管理原理》中阐述的工业时代科学管理的有关管理理论，而且包括法约尔在《工业管理和一般管理》中提出的一般管理理论、马克斯·韦伯在《新教伦理与资本主义精神》和《经济与社会》等著作中阐述的行政管理理论，以及吉尔布雷斯夫妇在动作研究与工作简化方面创造的有关理论、H.L.甘特发明的用来编制作业计划和控制生产进度的"线条图"、埃默森所提倡的效率原则、发明的标准成本理论、亨利福特于1914—1920年创立的汽车工业"流水线生产法"、莫里斯库科主张的管理"人情化"等。

泰勒对科学管理做了这样的定义，他说："诸种要素——不是个别要素的结合，构成了科学管理，它可以概括如下：科学，不是单凭经验的方法。协调，不是不和别人合作，不是个人主义。最高的产量，取代有限的产量。发挥每个人最高的效率，实现最大的富裕。"这个定义既阐明了科学管理的真正内涵，又综合反映了泰勒的科学管理思想。其提出的科学管理基本原则是：对人的劳动的每种要素规定一种科学的方法，用以代替陈旧的凭经验管理的方法；科学地挑选工人，然后进行训练、教育，发展他们的技能；与工人合作，保证所有工作都能按已发展起来的科学原则来进行；在管理和工人之间，工作的分配和责任的分担几乎是均等的，管理者当局把自己比工人更胜任的各种工作都承揽下来。科学管理的注意事项是：在自然科学的方法协助下优化劳动执行；完全彻底的劳动分工；严格区分领导和执行职能活动；对古典组织理论进行改革，强调给予任务的一致性原则；发展和升级员工应有的、特定职能活动的才能与资格；引入业绩相关的薪酬；业绩来自才能资格和劳动条件。

法约尔的管理思想内容是：一是强调管理活动独立存在；二是提出要在学校开设管理理论教学；三是把管理活动划分为 5 项职能或要素(计划、组织、指挥、协调及控制)。法约尔总结的 14 项管理原则是：分工；权力与责任；纪律；统一领导；统一指挥；个人利益服从整体利益；报酬；集权；等级系列；秩序；平等；人员稳定；创造性；团结精神。做好管理工作，原则与经验都不可或缺。"没有原则，我们就要陷入黑暗和混沌；没有经验与尺度，即便有最好的原则，我们也会举步维艰。原则是为我们指明道路的灯塔：它只为知道大门开在哪里的人们服务。"

韦伯的管理理论认为，国家管理的权力来源及其相应的组织机构、国家统治者的权力及行使权力的组织机构可划分为 3 类。

(1) 超凡权力。这种权力来自个人魅力。在一个社会面临各种政治、经济和信仰危机的时候，当人们原有的价值观念发生动摇、思想上无所依归时，魅力型人物便会横空出世，为人们指点迷津，树立新的信仰，从而形成超凡权力现象。

(2) 传统权力。这是一种根据沿袭下来的传统和惯例获得的权力。

(3) 法定权力。"建立在相信统治者的章程所规定的制度和指令权利的合法性之上，他们是合法授命进行统治的(合法型的统治)。"

韦伯提出，基于法定权力构建的行政组织是一种官僚体制。官僚体制是合法型统治的纯粹形式，因此并不含有一般语境中的贬义。为了避免误解，有的学者也把韦伯论述的官僚组织模式称为科层组织。官僚制举起理性和逻辑的旗帜，批判和否定了产业革命初期个人专制、裙带关系、暴力威胁、主观武断和感情用事进行管理的做法。韦伯认为，作为一种理想的行政组织形式，管理团队中的官员们在人事上具有以下特征：

(1) 个人是自由的，仅仅在事务上具有服从官职的义务。

(2) 处于固定的职务等级制度之中。

(3) 拥有固定的职务权限。

(4) 根据契约受命，即(原则上)建立在自由选择之上。

(5) 根据专业业务资格任命(不是选举)在最合理的情况下，通过考试和通过证书确认获得专业业务资格。

(6) 采用固定的货币薪金支付报酬，大多数有权领取退休金。

(7) 把他们的职务视为唯一的或主要的职业。

(8) 可看清自己的前程，职务升迁根据年资或政绩，或者两者兼而有之，也取决于上司的评价。

(9) 工作中完全同"行政管理物资分开"，个人不得把职位占为己有。

(10) 接受严格的、统一的职务纪律和监督。

3.1.2　系统管理理论

系统思想源远流长，作为一门科学的系统论，人们公认是美籍奥地利人理论生物学家 L.V.贝塔朗菲(L.Von.Bertalanffy)创立的。他在 1932 年提出"开放系统理论"，提出了系统论的思想。1937 年提出了一般系统论原理，奠定了这门科学的理论基础。

系统理论主张任何事物都是一个系统。所谓系统，就是相互联系、相互制约、相互作用的元素组成的具有一定结构和功能的整体。其功能取决于它的组成部分以及这些部分之间的相互关系。一个系统的状况具备五大优点，即稳定(Steady state)、均衡(Homoeostasis of equilibrium)、分化(Differentiation)、非加总性(Nonsummativity)和交互性。在此基础上，社会工作系统论的观点认为在社会这样一个大系统中，所有成员之间的相互交流与合作都属于系统理论的范围。系统论的任务不仅在于认识系统的特点和规律，更重要的还在于利用这些特点和规律去控制、管理、改造或创造系统，使它的存在与发展合乎人的目的需要。也就是说，研究系统的目的在于调整系统结构，使系统达到优化目标。系统论不仅为现代科学的发展提供了理论和方法，而且也为解决现代社会中的政治、经济、军事、科学、文化等方面的各种复杂问题提供了方法论基础，系统观念正渗透到每个领域。

现代系统科学理论已经发展成为以系统论为基础，囊括"老三论"(即系统论、控制论、信息论)和"新三论"(即耗散结构论、协同论、突变论)等理论的科学体系。

在控制论中，"控制"的定义是：为了"改善"某个或某些受控对象的功能或发展，需要获得并使用信息，以这种信息为基础而选出的、于该对象上的作用就叫做控制。信息反馈是控制论的一个极其重要的概念。通俗地说，信息反馈就是指由控制系统把信输送出去，又把其作用结果返送回来，并对信息的再输出发生影响，起到控制的作用，以达到预定的目的。信息论是一门用数理统计方法来研究信息的度量、传递和变换规律的科学。它主要是研究通信和控制系统中普遍存在着信息传递的共同规律以及研究最佳解决信息的获取、度量、变换、储存和传递等问题的基础理论。

耗散结构论认为，耗散结构的有序化过程往往需要以环境更大的无序化为代价，因此从整体上讲，由耗散结构本身与周围环境所组成的更大范围的物质系统仍然是不断朝无序化的方向发展，仍然服从热力第二定律。由此可见，达尔文的进化论所反映的系统从无序走向有序以及克劳修斯的热力学第二定律所反映的系统从有序走向无序，都只是宇宙演化序列中的一个环节。耗散结构论指出：孤立系统永远不可能自发地形成有序状态，其发展的趋势是"平衡无序态"；封闭系统在温度充分低时，可以形成"稳定有序的平衡结构"；开放系统在远离平衡态并存在负熵流时，可能形成"稳定有序的耗散结构"。

协同论主要研究远离平衡态的开放系统在与外界有物质或能量交换的情况下，如何通过自己内部协同作用，自发地出现时间、空间和功能上的有序结构。协同论吸取了耗散结构论的大量营养，采用统计学和动力学相结合的方法，通过对不同的领域的分析，提出了多维相空间理论，建立了一整套的数学模型和处理方案，在微观到宏观的过渡上描述了各种系统和现象从无序到有序转变的共同规律。

突变论是研究客观世界非连续性突然变化现象的一门新兴学科，自20世纪70年代创立以来，十数年间获得迅速发展和广泛应用，引起了科学界的重视。突变论的创始人是法国数学家雷内托姆，他于1972年发表的《结构稳定性和形态发生学》一书阐述了突变理论，荣获国际数学界的最高奖——菲尔兹奖章。突变论的出现引起各方面的重视，被称之为"是牛顿和莱布尼茨发明微积分三百年以来数学上最大的革命"。

3.2　质量监督基本理论

质量监督理论来源于监督理论。监督理论产生于政治理论，并随着经济理论的发展而发展。研究质量监督，必须对政治学的分权制衡理论、经济学的契约理论和博弈论有所了解。

3.2.1　政治学理论——分权制衡理论

管理和监督的主要政治理论依据是分权制衡理论。西方国家的政治家和思想家从西方伦理学出发建立了分权制衡学说。首先，西方伦理学提出了人在认识与道德发展上的局限性，认为人本身是善恶兼具的，任何人都有不完美的地方，即使有人在某一方面达到完美的境界，也很难保证他在其他方面不出现偏差。恩格斯就曾经精辟地指出："人来源于动物界这一事实已经决定人永远不能完全摆脱兽性，所以问题永远只能是摆脱得多些或少些，在于兽性或人性程度上的差异。"人性恶论是西方权力制约和监督理论的重要基石。其次，西方思想家认为管理就是履行权力，权力有作恶和滥用的自然本性，为防止权力滥用、腐败或遭受危机，必须实行权力制衡，从而产生了加强权力制约和监督的需要。

权力制衡是指在公共政治权力内部或者外部存在着与权力主体相抗衡的力量，这些力量表现为一定的社会主体，包括个人、群体、机构和组织等，他们在权力主体行驶过程中对权力施以监督和制约，确保权力在运行中的正常、廉洁、有序、高效等，并且使国家各部分权力在运行中保持总体平衡。这些制衡有利于保证社会向公正合理的方向发展以及社会整体目标的实现。

古希腊的亚里士多德在他著名的《政治学》一书中就提出了分权理论。此后，西方思想家们一直对它进行探索。对权力制衡的规律性认识经历了漫长的历史过程，这一学说在资产阶级日益成熟时期得到了巨大发展。启蒙思想家孟德斯鸠在《论法的精神》一书中构建了完整的"三权分立制衡"学说的框架，他深刻地指出，一切有权力的人都容易滥用权力，这是万古不易的一条经验。他得出的结论是防止权力滥用最有效的方法就是以权力约束权力。在他的分权制衡理论中，分权仅仅是手段，制衡才是根本目的和最有价值的部分。他远见卓识地指出，要杜绝专制和擅权，建立一种能以权力制约权力的政治体制，仅仅依靠分权是不能实现的，更重要的是彼此牵掣，互相制衡。

权力制衡在近代成为一种民主政治的法治原则应当归功于启蒙思想家的努力。孟德斯鸠及其他思想家将权力制衡的基本理论归结为两个基本思想：一是不受约束的权力必然腐败，绝对的权力导致绝对的腐败；二是道德约束不了权力，权力只有用权力来约束。近代以来西方法治的发展在严格意义上就是这两个基本思想的外化，近现代法治史严格意义上说就是一部权力约束和制衡史。全部近现代法治史都证明了一个基本事实：不受约束的权力必然腐败，权力只能用权力来约束。

从西方的分权制衡理论我们可以得到如下启示：首先，权力本身存在"善"与"恶"二重性，这两种属性并不因它是在不同国家制度、国家形态中而减少或消失，而是要对权力扬善抑恶，要尽可能发挥它好的功能，减少其负效应；其次，不受监督与制约的权力会导致滥用权力和腐败，要防止权力向"恶"的方面膨胀，有效的途径就是建立健全对权力运作过程的监督与制约机制，使权力处于严格的监督之下。

洛克、孟德斯鸠、汉密尔顿分权与制衡思想在发达国家军事管理中，特别是在构建体制编制、设立工作岗位、建立制度体系、改革管理流程、推进反腐倡廉等方面几乎无处不在，成为重要指南。同样，在我国各个领域要防止有关权力的滥用和腐败也必须对权力运作过程实施有效监督。对于监督权力本身而言，基于分权制衡理论，也必须是分散的，由不同部门所拥有，以实现权力的相互制约。

3.2.2 经济学理论——契约理论

契约理论是由"委托—代理"理论、不完全契约理论和交易成本理论共同构成的解释组织治理的重要理论工具,是制度经济学的一个重要组成部分,它以契约作为其研究对象。契约理论从产生到现在经历了古典契约理论、新古典契约理论和现代契约理论三个阶段。现代契约理论从新古典契约理论的完全契约这一概念所假设的条件出发,分析其与现实条件不一致的地方,提出了不完全契约的概念,并在此基础上形成了"委托—代理"理论,旨在解决现代经济社会非对称信息情况下普遍存在的财产权利在委托人和代理人之间的分解所引发的"委托—代理"问题,因此,现代契约理论也被称为"委托—代理"理论。

"委托—代理"这一概念的现代意蕴最早是由罗斯(Ross S.)提出的,后来米尔里斯(Mirrlees J.)和斯蒂格利茨(Stiglitz J. E.)进一步发展为"委托—代理"理论。从现代意义上来看,"委托—代理"关系无处不在,是一种十分普遍的现象。詹森和麦克林认为,"委托—代理"关系是一种明显或隐含的契约关系,在这种契约下,一个或更多的行为主体(即委托人)指定、雇佣另一些行为主体(即代理人)为其提供服务并授予其某些决策权,委托人根据代理人提供的服务数量和质量支付相应的报酬。从一般意义上来看,许多经济学家认为"委托—代理"关系存在于任何包含有两人或两人以上的组织和合作努力中。只要一个人依赖另一个人的行动,那么"委托—代理"关系便产生了,采取行动的一方为代理人,受影响的一方为委托人。例如,地主与佃农、股东与经理、经理与工人、病人与医生以及选民与政府之间的关系都是"委托—代理"关系。需要注意的是,在科层组织中,每位个体(除了在最末端的之外)一般既是委托人又是代理人。

显然,如果委托和代理双方都是效用最大化者,且其效用函数不同,一系列所谓的"委托—代理"问题便会产生。如果委托和代理双方都追求效用最大化,那么就有充分理由相信,代理人不会总以委托人的最大利益来行动,也就是说,委托和代理双方的效用函数往往是不一致的,代理人并不一定为委托人的利益服务,甚至不惜以牺牲委托人的利益为代价来谋取私利。简单地说,所谓"委托—代理"问题就是代理人偏离委托人利益行为的问题。

同时,在公共产品领域还存在"委托—代理"失效现象。公共产权代理实质上是一种公共权力使用的让渡与代理。因此,无论是政府或是具体的官员,其掌握与运作的公共权力都是全体民众所拥有的,官员只是执行民意并由民众委托执行民众拥有的公共权力的人。在民众与官员之间有一种隐含的契约,即所有民众将自己的权力委托给政府或官员负责实施与执行。而官员则按照契约执行这一权力并取得相应报酬。如果官员能不折不扣地按民意行使公共权力,就是廉洁奉公;如果官员不按民意行使公共权力,而导致这种隐含公共权力"委托—代理"运行出现道德风险,就是腐败。腐败通常指官员以权谋私、滥用公共权力、接受贿赂、浪费国有资产等现象,也包括在为民办事中的拖拉、推诿扯皮、不负责任等现象,它是一种公共权力代理失效现象。

现代契约理论认为,解决"委托—代理"问题一般有两种途径。一种途径是采取监督机制,即加强对代理人的监督,抑制代理人的机会主义动机。按照阿尔钦等人的看法,解决团队成员"偷懒"的一种制度是:使团队内某些人的职能专业化,专门从事监督其他成员的工作绩效。另一种途径是采取激励机制,即委托人设计一套激励契约,使代理人在决策时,不仅需要参考原有已获知的信息，而且需要参考由激励契约所发出的新信息，这些新的信息能够使代理人不会因为隐瞒行动或信息而获利，甚至会招致更大的损失，从而保证代理人无论是隐瞒行动还是隐瞒信息进行欺骗都是徒劳无益的，进而使代理人与委托人的利益目标趋于一致，实现"激励相容"。但是，由于存在信息不对称和激励成本，任何激励机制都不可能完全解决"委托—代理"问题，因此，即使能设计出一套较优的激励契约，委托人依然需要采用监督机制。

以上两种解决方法的应用领域不同。激励机制是企业理论研究的重点问题。在企业中，通过分析企业组织结构中的"委托—代理"关系，构建科学、合理的企业治理结构，设计出一种契约，使股东与经理人的利益目标趋于一致，在经理人实现自身目标最大化的同时，使委托人的利益也最大化，即利润最大化，实现"激励相容"来解决股东(所有者)和经理人(经营者)之间存在的代理人问题，其研究重点是如何建立一种有效的激励机制。而后者却是本书探讨的主题。严格地说，企业"委托—代理"理论并不完全适用于解释军事组织中的"委托—代理"关系。因为这一理论最基本的假定是存在着一个真正的所有者，这个所有者愿意并有能力激励和约束代理人，以防止自身权益的流失。但是，对人民通过全国人民代表大会委托军队经营的公共品——国防产品，从形式上来说，尽管在理论上每个人都可以称为所有者，但没有任何人能够说自己个人是在行使委托权的委托人。如前所述，正是由于公共品与私人品的性质差异，决定了公共品必须要由政府组织(授权军队)来经营管理，同时由于军事组织与企业组织的结构安排差异，决定了军事系统内解决代理人问题的办法主要是依靠建立监督机制，而不是主要依靠激励机制，这是军事组织的"激励不足"导致的"监督有效"。

3.2.3　博弈论

一般认为，博弈论属于经济学，但严格地讲，博弈论并不是经济学的一个分支。它是一种方法，应用范围不仅包括经济学，而且政治学、军事、外交、国际关系、公共选择、犯罪学等都涉及博弈论。

军事领域监督博弈论从宏观上涉及法规制定部门、监督主体和监督客体三个方面。法规制定部门与监督主体及监督客体之间实际上存在多重"委托—代理"关系。为了便于分析，本书假设法规制定部门处于博弈局外人的地位，其职责是从全体人民的利益出发，制定有效的军事经济监督制度，也即博弈规则。所以，军事经济监督制度优化的问题就可以理解为法规制定部门在综合考虑监督主体和监督客体双方博弈行为的基础上，制定一套使得博弈双方都能够接受，同时又使得整个军事经济活动净收益最大化的有效的制度安排。

按照预期效用理论，对于一个理性的组织或个人来说，其主动遵守某一规则的条件是其违规时的效用小于遵守时的效用。因此，对于军事领域监督主体来说，选择监督还是不监督或决定监督的力度时，主要取决于对监督成本和收益的权衡；而对于监督客体来说，违规还是不违规，取决于违规成本与违规收益之间的权衡。军事领域监督客体违规的成本不仅与其违规时受到的惩罚力度有关，而且与军事领域监督主体的监督强度有关，而军事领域监督主体的监督力度又与军事领域监督客体的违规程度以及由此造成的损失有关。所以，这是一个两阶段动态博弈模型。

通过对博弈模型计算可以得出一个一般性结论：在监督主体监督概率既定的前提下，为了降低监督客体的最优违规程度，应加大惩罚力度、提高监督概率和折现因子。加大惩罚力度、提高监督概率完全可以通过军事领域监督主体自身的努力来做到。而提高监督客体的折现因子则需要通过影响监督客体的时间偏好进而影响监督客体的行为，时间间隔越长，折现因子越小；反之则越大。因此，要对监督客体进行更加及时的事后监督，甚至变事后监督为事前监督和事中监督。提高折现因子可以降低监督客体的最优违规程度。

所以，为了对军事领域监督客体实行有效的监督，监督主体必须加大惩罚力度，增加监督客体违规的成本，提高有效监督的概率，同时努力转变监督方式，变更多的事后监督为事前监督和事中监督。

3.3 质量管理与质量监督应用理论

当前的应用理论主要来自于两部分，即现代管理理论和军队管理实践。西方国家军事管理的应用理论大量吸取现代企业管理、现代社会管理、现代政党或组织的管理方法和技术。对装备全寿命的质量管理和监督涉及的应用管理理论有质量管理理论(略)、目标管理理论、过程管理理论、项目管理理论、人力资源管理理论、计划管理理论、组织管理理论、预算管理理论等。

3.3.1 目标管理理论

目标管理是指由企业最高层领导制定一定时期内整个企业期望达到

的总目标，然后由各部门和全体职工根据总目标的要求，制定各自的分目标，并积极主动地设法实现这些目标的管理方法。美国管理大师彼得·德鲁克(Peter F. Drucker)于1954年在其名著《管理实践》中最先提出了"目标管理"的概念，其后他又提出"目标管理和自我控制"的主张。德鲁克认为，并不是有了工作才有目标，而是相反，有了目标才能确定每个人的工作。一方面强调完成目标，实现工作成果；另一方面重视人的作用，强调员工自主参与目标的制定、实施、控制、检查和评价。

目标管理的指导思想是以管理心理学中的"Y理论"为基础的，即认为在目标明确的条件下，人们能够对自己负责。其理论依据是心理学与组织行为学中的目标论，即任何一个组织系统层层制定目标并强调目标成果的评定，都可以改进组织的工作效率和职工的满意程度。目的是通过目标的激励来调动广大员工的积极性，从而保证实现总目标。其核心就是明确和重视成果的评定，提倡个人能力的自我提高。其特征就是以目标作为各项管理活动的指南，并以实现目标的成果来评定个人贡献大小。

经典管理理论对目标管理MBO的定义为：目标管理是以目标为导向，以人为中心，以成果为标准，使组织和个人取得最佳业绩的现代管理方法。目标管理亦称"成果管理"，俗称责任制，是指在企业个体职工的积极参与下，自上而下地确定工作目标，并在工作中实行"自我控制"，自下而上地保证目标实现的一种管理办法。

目标管理的基本内容是动员全体员工参加制定目标并保证目标实现，即由组织中的上级与下级一起商定组织的共同目标，并把其具体化展开至组织的各个部门、各个层次、各个成员。组织内每个单位、部门、层次和成员的责任和成果应相互密切联系,在目标执行过程中要根据目标决定上下级责任范围,使上级权限下放和下级实现自我管理。在成果评定过程中,严格以这些目标作为评价和奖励标准,实行自我评定和上级评定相结合。以此最终组织形成一个全方位的、全过程的、多层次的目标管理体系,以提高上级领导能力、激发下级积极性和保证目标实现。

"企业的使命和任务,必须转化为目标",如果一个领域没有目标,这个领域的工作必然被忽视。因此管理者应该通过目标对下级进行管理,当组织最高层管理者确定了组织目标后,必须对其进行有效分解,转变成各个部门以及各个人的分目标,同时根据分目标的完成情况对下级进行考核、评价和奖惩。

目标管理在组织内部建立了一个相互联系的目标体系,而这种体系把员工有机地组织起来,使集体力量得以发挥,同时目标管理的实行就意味着组织管理民主化、员工管理自我控制化、成果管理目标化。因此目标管理事实上是一种总体的、民主的、自觉的和成果的管理。这也正是目标管理的魅力所在。

目标管理提出以后便在美国迅速流传。时值第二次世界大战后西方经济由恢复转向迅速发展的时期,企业急需采用新的方法调动员工积极性以提高竞争能力,目标管理的出现可谓应运而生,遂被广泛应用,并很快为日本、西欧国家的企业所仿效,在世界管理界大行其道。

3.3.2　过程管理理论

过程概念是现代组织管理最基本的概念之一,在 ISO 9000—2000 中,将过程定义为:"一组将输入转化为输出的相互关联或相互作用的活动。"

其任务在于将输入转化为输出，转化的条件是资源，通常包括人力、设备设施、物料、法规、环境及检测。增值是对过程的期望，为了获得稳定和最大化的增值，组织应当对过程进行策划，建立过程绩效测量指标和过程控制方法，并持续改进和创新。

过程管理是将一系列输入转化为输出的一组彼此相关的资源管理活动，并通过"过程方法"发挥作用。过程方法是指系统地识别和管理组织所应用的过程，特别是指这些过程之间的相互作用。为使组织有效运行，组织应当采用过程方法识别和管理众多相互关联和相互作用的过程，并对过程和过程之间的联系、组合与相互作用进行连续的控制和持续的改进，以增强用户满意和过程的增值效应。

过程管理方法具有与传统管理方法不同的哲理，其基本思想是：从"横向"视角把企业看作为一个由产品研发、生产、销售、采购、计划管理、质量管理、成本管理、客户管理和人事管理等业务过程按一定方式组成的过程网络系统；根据企业经营目标，优化设计业务过程，确定业务过程之间的联结方式或组合方式；以业务过程为中心，制定资源配置方案和组织机构设计方案，制定解决企业信息流、物流、资金流和工作流管理问题的方案；综合应用信息技术、网络技术、计划与控制技术和智能技术等技术解决过程管理问题。

在企业应用过程管理方法的基本步骤可大致概括为：

(1) 根据市场需求和企业资源特点制定经营目标，建立企业经营目标体系。

(2) 识别企业各种具有特定业务功能的业务过程，识别业务过程之间的相互关系、相互作用，识别关键的业务过程，对业务过程进行分析。

(3) 按企业经营目标体系，自顶向下，先高层次的过程，后较低层次的过程，进行业务过程优化设计，简化、调整、适当归并业务过程中的操作单元(或作业单元、工序、环节)，确定各业务过程的联结方式；对每一业务过程进行定义和描述，确定业务过程的功能目标、投入和产出，确定作为管理重点的关键业务过程，在此基础上建立企业业务过程模型。

(4) 以信息的观点把业务过程看作为信息收集、传递和处理的过程，应用信息技术，按业务过程设计解决企业信息传输和处理问题的方案。

(5) 基于业务过程网络系统进行组织结构设计和制度设计。

(6) 按业务过程运行的需要合理配置资源。

(7) 应用计划和控制技术，根据业务过程运行的需要制定经营计划与控制方案，对业务过程运行进行反馈控制和协调。

(8) 以提高业务过程的绩效为主要目标，持续改进过程。

过程管理的主要方法是 PDCA 循环。PDCA(Plan-Do-Check-Act)循环又称为戴明循环，是质量管理大师戴明在休哈特统计过程控制思想基础上提出的。

过程管理使用一组实践方法及技术与工具来策划、控制和改进过程的效果及效率与适应性，包括过程策划、过程实施、过程监测(检查)和过程改进(处置)4 个部分，即 PDCA 循环四阶段。

(1) 过程策划(P)。从过程类别出发，识别组织的价值创造过程和支持过程，从中确定主要价值创造过程和关键支持过程，并明确过程输出的对象，即过程的顾客和其他相关方。

过程策划包括：确定过程顾客和其他相关方的要求，建立可测量的过程绩效目标(即过程质量要求)；基于过程要求，融合新技术和所获得的信息进行过程设计或重新设计。

(2) 过程实施(D)。使过程人员熟悉过程设计，并严格遵循设计要求实施过程。

过程实施包括：根据内外部环境与因素的变化和来自顾客、供方等的信息在过程设计的柔性范围内对过程进行及时调整；根据过程监测所得到的信息对过程进行控制，例如应用SPC(统计过程控制)控制过程输出(产品)的关键特性使过程稳定受控并具有足够的过程能力，同时根据过程改进的成果实施改进后的过程。

(3) 过程监测(C)。过程监测包括过程实施中和实施后的监测，旨在检查过程实施是否遵循过程设计和达成过程绩效目标。

过程监测包括：产品设计过程中的评审、验证和确认；生产过程中的过程检验和试验；过程质量审核；为实施SPC和质量改进而进行的过程因素、过程输出抽样测量；等等。

(4) 过程改进(A)。过程改进分为两大类："突破性改进"是对现有过程的重大变更或用全新的过程来取代现有过程(即创新)；"渐进性改进"是对现有过程进行的持续性改进，是集腋成裘式的改进。

由上可知，与传统管理方法不同，过程管理方法是以系统论、信息论和控制论为理论基础的。它具有以下几大特点：

(1) 以系统理论为指导，从系统的观点出发，从横向视角把企业看作为一个由产品研发、生产、销售、采购、质量管理等业务过程按一定方式组成的过程网络系统；把每一个业务过程都看成是有特定功能和目标的、有输入和输出的过程子系统，企业系统由若干业务过程子系统按一定方式组合而成；应用系统方法解决企业业务过程系统的信息流、物流和工作流管理问题；关注业务过程内部和业务过程之间的逻辑联系、相互作用，关注业务流程中操作单元的优化组合。

(2) 应用信息论方法将企业内部的各过程视为一个信息收集、加工、存储、传输的过程，应用信息技术解决业务过程管理信息的传输和处理问题。

(3) 应用控制论方法将企业的业务过程视为可控过程，建立过程控制系统，运用反馈控制等控制方法解决企业业务过程系统的控制问题。

(4) 注重管理的细化，即细化到每一个业务流程、每一个操作单元(或作业单元、工序)、每一项影响业务流程运行的输入因素。

(5) 注重综合应用管理技术和信息技术等技术。

在当今计算机信息技术和网络技术迅速发展、多学科知识积累和多种技术有机结合的技术背景下，各领域的管理模式和管理方式正在发生大的变革。综合运用管理技术、计算机信息技术等技术的新管理模式将逐步取代传统管理模式，这些宏观背景因素将极大地促进过程管理方法在各领域中的应用。

3.3.3 项目管理理论

现代项目管理开创于 20 世纪 40 年代，被称为美军管理创新的首要创造。比较典型的是美国军方研制原子弹的曼哈顿计划等。在这些工程完成后，人们总结经验，发现在运行大型复杂工程的时候采用限制时间、限定资源、严格控制进度和成本等方法有非常客观的效用。在这样的背景下，美国杜邦公司和兰德公司于 1957 年一起研制了一种系统的计划管理方法——关键路径法(CPM)。在此之后，美国海军于 1958 年在研制北极星导弹核潜艇时提出另外一种系统的计划管理方法 PERT。这两种方法都是基于网络模型技术，所以统称为网络计划技术。该技术被认为是项目管理的起点。

项目管理理论以具体项目的管理为研究对象，通过定性、定量相结合的方法将一些先进的管理理念和手段引入日常的项目管理中，极大地提高了项目管理的效率。项目管理理论是一个综合多门学科的新兴研究领域，包括项目综合管理、项目范围管理、项目时间管理、项目费用管理、项目质量管理、项目人力资源管理、项目沟通管理、项目风险管理和项目采购管理等 9 大知识领域。

"项目整体管理"规定了项目管理的一般步骤。它包括：

(1) 制订项目章程，以对项目进行正式授权。

(2) 制订项目范围说明书(初步)，给出项目范围的高层描述。

(3) 制订项目管理计划，界定所有分计划及其有关行为。

(4) 指导和管理项目执行，以达到项目的目标。

(5) 监督和控制项目工作，保障各要素行为服从于项目绩效目标。

(6) 整体变更控制，控制对可交付物和组织过程资产的变更。

(7) 项目收尾，以正式结束项目或阶段。

项目管理主要有两种组织形式：一种是项目管理组织作为存在于大体系之中的一个独立的能独自解决问题的实体；另一种是项目管理组织作为

叠加在垂直的多级管理的职能机构上的实体。在后一种组织形式中，项目主任只起协调的作用，整个管理方面的具体职责与权限仍然听命于上级领导机构。不论采取哪种组织形式，这种管理方法的价值在于，可根据开展工作的需要，临时组建灵便的组织，把管理的注意力与权力集中到成果目标上，而不是例行公事上。项目管理除有直接监督与控制的优点外，还可以根据不同实施阶段的不同情况灵活地改变组织形式。这方面的优点吸引了军工厂商，使他们采纳了这种项目管理方法，建立起自相适宜的项目管理组织形式，执行承包合同。

3.3.4　人力资源管理理论

人力资源管理(Human Resources Management)是指根据组织发展战略的要求，有计划地对人力资源进行合理配置，通过对组织成员的招聘、培训、使用、考核、激励、调整等一系列过程调动其积极性，发挥潜能，为组织创造价值，确保组织战略目标的实现。

"人力资源"这一概念早在1954年就由彼德德鲁克在其著作《管理的实践》提出并加以明确界定。20世纪80年代以来，人力资源管理理论不断成熟，并在实践中得到进一步发展。现代人力资源管理理论认为："人"是组织最重要的资产，也是竞争力的关键因素；"新经济时代"是极端重视人才的时代；人力资源管理人员是战略领导者的重要伙伴；必须对组织中的人力资源进行战略型管理；现代人力资源管理的核心是组织成员的价值链构建与价值实现；必须从人的需要出发设计和发展人力资源管理；人力资源管理的关键任务是推进高水平的职业化。人力资源管理常态化任务主要有三项：一是保证组织对人力资源的需求得到最大限度的满足；二是最大限度地开发与管理组织内外的人力资源，促进组织的持续发展；三是维护与激励组织内部人力资源，使其潜能得到最大限度地发挥，使其人力资本得到应有的提升与扩充。

现代人力资源管理的主要工作包括：

(1) 人力资源的战略规划、决策。

(2) 人力资源的成本核算与管理。

(3) 人力资源的招聘、选拔与录用。

(4) 人力资源的教育培训。

(5) 人力资源的工作绩效考评。

(6) 人力资源的薪酬福利管理与激励。

(7) 人力资源的保障。

(8) 人力资源的职业发展设计。

(9) 人力资源管理的政策、法规。

(10) 人力资源管理问题诊断。

发达国家军队普遍建立了专门的人力资源管理部门，并不断推进人力资源管理改革。美军认为，人力资源管理是保持美军强大战斗力的最重要因素之一。分管美国陆军人力资源管理事务的陆军前副参谋长约翰·勒莫恩中将曾说："我们要在人力资源领域创造一种不断前进的动力，确保人力资源管理始终跑在前面，超前于军队的整体发展。"二战结束后尤其是新世纪以来，在美军每一次改革中，"始终先行"的理念贯穿于其人力资源管理实践的全过程。

3.3.5　计划管理理论

"计划"是一项古老而持久的管理活动。计划管理理论认为,任何计划工作都要遵循一定的程序或步骤。一般来说,这些程序或步骤包括认识机会、确定目标、确定前提条件、拟定可供选择的可行方案、评价可供选择的方案、选择方案、制定派生计划、编制预算等 8 个方面。

计划管理理论的形成是在极其丰富的计划实践基础上形成的。早期的计划理论多见于军事、社会实践活动的有关具体计划条款之中,主要是经验性、零星式的。当"计划经济"理论产生之后,"靠政府干预执行计划目标的经济发展模式"使计划管理理论得到空前发展。原苏联经济学家普列布拉津斯基写了《新经济》一书,系统完善地论述了社会主义国家的计划经济模式。列宁在十月革命后提出过一个著名的公式(苏维埃政权+普鲁士的铁路管理秩序+美国的技术和托拉斯组织+美国的国民教育+……=社会主义),其中就强调了计划管理。"计划管理"因而也被认为是指社会主义国家通过计划的制订和执行来组织、指挥、调节和监督整个国民经济和社会发展以及协调社会再生产各环节相互关系的一系列管理活动的总称。日本于 20 世纪 40 年代学习苏联做法,在 50 年代开创了自己的计划经济,完成了经济腾飞。从此计划管理开始受到广泛关注。20 世纪 60 年代初期,网络计划技术在美国得到了推广,一切新建工程全面采用这种计划管理新方法,并开始将该方法引入西欧其他国家。随着现代科学技术的迅猛发展、管理水平的不断提高,网络计划技术也在不断发展和完善。目前,计划管理方法已广泛地应用于世界各国的工业、国防、建筑、运输和科研等领域,已成为发达国家盛行的一种现代生产管理的科学方法。

事实上，在军事领域中计划管理理论与实践更为丰富。二战期间一系列著名军事行动都与计划有关，比如"但泽计划"(1939 年 1 月德国制定的进攻西方的作战计划)、"海狮计划"(1940 年德国在英国实施登陆的计划)、"巴巴罗莎计划"(1941 年德国进攻苏联的计划)、"丘比特计划"(盟军在挪威北部的作战计划)、"十字军战士"(1941 年 11 月盟军在西部沙漠的作战计划)、"马歇尔计划"(美国国防部长史汀生和总参谋长马歇尔 1942年 3 月制定的在法国北部登陆作战计划)，等等。二战之后美苏争霸期间，军事计划更是层出不穷。

美军在军事管理上基于计划管理理论创造了"计划协调技术"。西方管理学界甚至认为，在当代军方对管理工作的所有贡献中，计划协调技术(PERT)可以说是最为著名的。它是拟定计划和安排进度所用的方法，是由海军军械局、洛克希德公司，以及布兹、艾伦与汉密尔顿管理咨询公司联合努力而产生的。计划协调技术用网络模型来表达项目中各项活动的进度和它们的相互关系。使用这种网络模型，PERT 分析人员计算加权平均数、总数和各种统计参数以便确定关键路线，并估计满足进度要求的可能性。这些计算、分析的结果，本身又明显反映出哪些方面可能需要采取补偿措施。为了审查进展情况和发现可能发生的意外变化，应不断反复使用这种网络模型。PERT 之所以有用，就是因为它特别适合于大型的研究与研制计划。正因为计划协调技术有这种管理大型计划的效能，因此其现已成了管理工作中重要的一环。

3.3.6　组织管理理论

组织具有综合效应，这种综合效应是组织中的成员共同作用的结果。

组织管理就是通过建立组织结构，规定职务或职位，明确责权关系，以使组织中的成员互相协作配合和共同劳动，有效实现组织目标的过程。组织管理是管理活动的一部分，也称组织职能。组织管理的对象主要包括组织目标、组织结构、组织职能、组织流程等与组织运作密切相关的要素。

现代组织管理理论产生于本世纪中叶，学派甚多。主要有以美国 C.I 巴纳德为代表的社会系统论、以 H.A.西蒙为代表的决策理论、以 F.E.卡斯特为代表的系统与权变理论和以 E.S.巴法为代表的管理科学理论等。在吸收古典组织管理理论和行为科学管理理论精华并接受现代系统论的观点后，产生了以组织体系管理为主要思想的新理论。这一理论把组织看成一个系统，认为实现组织目标和提高组织效率取决于组织系统内各子系统及各部门之间的有机联系。

根据组织管理理论，实施有效的组织管理要做到：必须确定实现组织目标所需要的活动，并按专业化分工的原则进行分类和按类别设立相应的工作岗位；必须根据组织的特点、外部环境和目标需要划分工作部门，设计组织机构和结构；必须规定组织结构中的各种职务或职位，明确各自的责任，并授予相应的权力；必须制定规章制度，建立和健全组织结构中各方面的相互关系。

按组织系统进行管理被认为是发达国家军事管理的一个重要方法。美国的施罗德和沃伊奇在《组织和管理：基本的系统概念》一书中指出，美国的国防部就是一个由管理系统所控制的"投入—产出"组织体系。美军"确立目标"的是参谋长联席会议，"分配资源"的是各军种的总部和国防部其他业务局，"获取资源"的是各军种的全体部队，"利用资源"的是各个联合司令部和其他部队或机构，"评定调整"的是国防部长办公厅。这"五个职能分系统"的有效运行构成了美国军事管理的严谨组织形式和实现方式，适应了美国军事部门日益庞大、复杂的新形势，创造了高效能军事管理的独特优势。

3.3.7　预算管理理论

预算是对未来一定时期内收支安排的预测、计划。它作为一种管理工具，在日常生活乃至国家行政管理中被广泛采用。

现代财政预算制度最早出现于英国。英国是近代资本主义和现代议会制度的发源地。在 14 世纪和 15 世纪，新兴资产阶级的力量逐步壮大，他们充分利用议会同封建统治者争夺财政支配权。他们要求政府的各项收支必须事先作计划，经议会审查通过后才能执行，财政资金的使用要受议会监督，以此限制封建君主的财政权。欧美其他国家财政预算制度的确立相对较晚。以美国为例，早期的宪法中并没有关于预算制度的规定，直到 1800 年才规定财政部要向国会报告财政收支，但这时的财政收支报告只是一个汇总的情况而已。美国南北战争后的 1865 年，国会成立了一个拨款委员会，主管财政收支问题。1908 年和 1909 年，美国联邦财政收支连续出现赤字，才促使美国政府考虑建立联邦预算制度。

根据现代预算理论，财政预算收入主要是指部门所属事业单位取得的财政拨款、行政单位预算外资金、事业收入、事业单位经营收入、其他收入等；财政预算支出是指部门及所属事业单位的行政经费、各项事业经费、社会保障支出、基本建设支出、挖潜改造支出、科技三项费用及其他支出。财政预算的基本特征是法定性、精细性、完整性、时效性、公开性。预算的编制形式主要有单式预算和复式预算两种：单式预算是将全部的财政收支汇编在一个统一的预算表之中；复式预算是把预算年度内的全部财政收支按收入来源和支出性质不同分别编成两个或两个以上的预算，通常包括经常预算和资本预算。预算方法主要有绩效预算、计划项目预算、零基预算(即重新评估)、部门预算。

美军的预算管理应用广泛，其计划和预算是同时进行的。在预算年将制定预算计划提案，最终形成《计划预算决定》；非预算年则在预算年的基础上进行微调，即完善非预算年计划和对预算进行调整与变动。预算年的预算工作主要任务是根据战略指导，通过协调计划阶段的工作，最终确定国防部预算草案。首先，各军种依据规划文件、《联合战略计划》和国防部的《财力指南》编制《概算书》。国防部各业务部门会同行政管理和与预算局联合举行听证会，对各军种所提出的经费额度进行审查，并对《预算书》进行评价，之后由国防部主计长签署《计划预算决策书》。然后，各军种可以申请召开由国防部和各军种相关部门参加的联席会议，结合《计划决策备忘录》对《计划预算决策书》的部分预算项目进行微调，形成《重大预算问题书》。最后，总统根据《计划预算决策书》和《计划决策备忘录》在《重大预算问题书》的基础上签署总统预算，并提交国会审议。

第四章　质量管理与质量监督的构成和一般规律

质量管理与质量监督作为一种特殊的事物,其自身运动必然受到多种相关因素的制约和影响,具有固有的、本质的、必然的联系。认真研究质量管理与质量监督的各种相关因素,探索和揭示质量管理与质量监督主要规律,对于科学确定质量管理与质量监督基本原则并正确指导其实践具有极其重要的意义和作用。

4.1　质量管理与质量监督的分类

质量监督虽然未形成一个独立的学科,但其与质量管理一样,可以从不同的角度进行描述。为进一步了解质量管理与质量监督的宏观结构,可以从质量管理与质量监督的分类开始入手。

4.1.1　质量管理的分类

质量管理可以参考管理的类型进行分类,也可以按照质量管理自身特点进行分类。

1. 按质量管理方法分类

按照质量管理的权力集中程度和实施方式可以将质量管理分为统一管理和分散管理。统一管理和分散管理是对组织活动全过程的要求，是普遍性与特殊性矛盾运动规律在质量管理活动中的运用。

(1) 统一管理是组织的最高质量管理部门为统筹整个组织质量活动，统一制定质量目标、质量计划并统一实施质量管理的方式。统一质量管理能够确保质量目标的一致性，但由于面临较多环节和人员，需要建立具有高度权威、便于集中统一组织的质量管理机构，统一决策事关质量全局的重大问题，统一筹划、统一部署、统一使用各质量管理与保证力量，统一计划质量管理内容和行动，整体协调各质量检测小组(机构)间的互相支援与配合进行，以确保各质量管理与保证力量的行动协调一致地进行，充分发挥整体效能。

(2) 分散管理是适应具体情况的复杂性、多样化的客观需要。质量管理的对象系统往往具有多层次、多专业和多成分构成的复杂性与相对独立性，有时需要分层级处置各种情况。需要根据各部门、各地域、各对象的实际，合理选择质量管理方式，充分发挥各级质量管理者的主观能动性，在具体行动上实施具体而灵活的控制，做到全局上的统一与具体情况的灵活应对相结合，确保质量管理任务的顺利完成。

2. 按质量管理阶段分类

全过程管理是指质量管理贯穿于整个活动的策划、筹备、实施、控制、协调、控制、评估、总结等各个时期，从活动开始到结束的全过程。对产品而言就是全寿命质量管理。全寿命质量管理是指质量管理贯穿产品论证、研制、试验、生产、使用、维修、保障直至报废的全过程。产品全寿命质量管理过程可简单地分为 3 个阶段：论证阶段质量管理、研制与生产阶段质量管理和使用与保障阶段质量管理。

(1) 论证阶段质量管理。

论证是产品研制的源头，论证过程的结果是软件产品，即由信息组成，以报告、方案、程序等形式存在的产品。论证的质量就是指这些软件产品的一组固有特性满足要求的程度。以产品研制总要求综合论证为例，论证的固有特性要求应当包括适用性、可行性、完备性、时间性、经济性等。论证是一个特殊过程，需要充分调研、综合权衡、风险控制才能实现。论证的质量如何不能由后续的监视和测量即刻加以验证，一般要到工程研制开始之后才能发现问题，甚至要到产品定型或交付使用后才能做最后的评价。可是到那个时候代价已经付出，人力、财力已经耗费，可见早期的论证质量管理的重要意义了。

(2) 研制与生产阶段质量管理。

研制与生产是形成产品固有质量特性的主要过程，是能否获得高质量的新型产品或改型产品的关键环节。各组织应当加强产品研制工作的管理，严格履行产品研制合同，并对产品研制与生产质量进行监督。为了保证产品研制质量，要加大质量管理的力度，即使在市场经济的条件下，来自于主管部门的质量管理对装备固有特性的形成也是必不可少的。同时要重视用户的早期体验和建议，以保证质量目标的实现路经的合理性。在这一阶段要重点实施质量管理体系，确保质量管理体系的有效运转。

(3) 使用与保障阶段质量管理。

使用阶段的质量管理是指在产品使用、维护过程中，为保证产品质量而进行控制组织的协调的活动，其目标是充分发挥、保持、恢复和促进改善产品特性，保证产品使用与维护系统有效运行，满足用户需要。具体包括：正确使用产品，保持其良好技术状态；采用科学方法维修产品，提高维修质量；重视储备产品的质量；做好产品报废的质量工作。

3. 按质量管理流程分类

质量管理流程是指实施质量管理工作所秉持的基本工作思路和基本流程。如现代质量管理的全面质量管理的基本工作思路是由美国质量管理专家提出的 PDCA 循环，按照该循环，可以将质量管理流程分为质量计划、质量实施、质量检查和质量总结与处理 4 个阶段。

(1) 质量计划是质量管理的一部分，致力于制定质量目标并规定必要的运行过程和相关资源以实现质量目标。质量计划是质量管理的前期活动，是对整个质量管理活动的策划和准备。质量计划的好坏对质量管理活动的影响是非常关键的。质量计划的重点是制定质量目标，这些目标应当是可测量的，以便管理者进行有效和高效的评审。

(2) 质量实施是指活动或产品形成过程的质量控制。仅对产品而言，质量形成于生产全过程，为了生产出符合要求的产品，管理者必须使影响产品质量的全部因素在生产全过程中始终处于受控状态。因此，质量控制是指生产全过程的质量控制，只在某些环节实施控制，还不能使产品质量最终符合要求。通常有设计过程的质量控制、制造过程的质量控制、销售和服务过程的质量控制、监督过程的质量控制等。

(3) 质量检查是指为实施质量管理而进行的检验、检测。其主要是依据一定的标准或合同要求等进行测试，以保证产品或活动质量。在此过程中要监、检结合，保证可追溯性。在检验验收中，还需要依据系统观念，注重监、检结合。另外，检验验收工作不仅具有把关的功能，还具有预防的作用。

(4) 质量总结和处理包括两方面的内容：一是总结经验教训，肯定和巩固成绩，处理差错，纳入标准，指出应该怎样干和不应该怎样干；二是把遗留的问题转入下一个循环进行解决，作为下一轮循环的计划目标。同时，要利用产品检验中获得的质量信息适时分析产品质量水平和质量形势，并评价承制单位质量管理工作和质量监督工作的有效性。

此外，质量管理还可以根据应用领域或管理对象的不同进行分类，如分为硬件质量管理、软件质量管理、服务质量管理等。质量管理按照质量管理者的风格不同，可以分为控制型质量管理、协调型质量管理等。不同的分类方法需要根据不同的需求进行。

4.1.2　质量监督的分类

质量监督可以按多种标准进行分类，分类标准不同，质量监督的类型也不一样。本节着重分析以下几种类型的质量监督分类。

1．按专业化分类

按照质量监督专业化进行分类，质量监督可以分为专职质量监督与非专职质量监督。专职质量监督与非专职质量监督是按质量监督主体的工作特点进行的分类。据此，可以把质量部门对质量活动的监督称为专职质量监督，其特点是地位超脱、工作独立、职责单一；把各业务主管部门、检验部门、实验部门和组织成员对质量活动的监督称为非专职质量监督，其特点是工作职责多元，质量监督只是其职责范围的一部分。完善的质量监督体系应同时包括专职质量监督和非专职质量监督，两者相互促进，相互配合，缺一不可。

2. 按级别分类

按照质量监督级别进行分类，质量监督可以分为本级质量监督与上级质量监督。本级质量监督与上级质量监督是按质量监督主体监督行为作用的区域进行的分类。依这种分法，本级质量监督是指各单位本级质量管理部门、各业务主管部门、检验部门和组织成员对本单位的质量活动所实施的监督；上级质量监督是指单位上级质量管理部门、各业务主管部门、检验部门及单位外部有关组织和人员对该单位的质量活动所实施的监督。本级质量监督和上级质量监督是相辅相成、相互作用的关系。上级监督促进、规范和指导本级监督，而本级监督使上级监督的意义得以体现，良好的本级监督为上级监督的作用发挥奠定基础。

3. 按对"权"的制约分类

"权"的监督包含"权力监督"与"权利监督"，是按质量监督主体的性质进行的分类。质量部门、各业务主管部门、检验部门和组织成员的监督是"组织行为"，所依靠和凭借的是组织的"权力"，因而属于"权力监督"；外部的监督是与组织相关的单位和人员的"个人行为"，所依靠和凭借的是分散的部门和个人所享有的"权利"，因而属于"权利监督"。权力监督与权利监督除上述不同之外，两者所具有的功能和作用也不同。作为组织行为的"权力监督"，对于被监督对象的违法违规行为，不仅具有

"在口头上责备"的功能和作用，而且更重要的是具有"在行动上加以纠正"的功能和作用，以至给予适当的处分或处罚，使违法违规行为及时中止或改变，因而它是一种"硬监督"；而作为个人行为的"权利监督"，对于被监督对象的违法违规行为仅仅具有"在口头上加以责备"或"行为上的压力影响"的功能和作用，其本身并没有"在行动上加以纠正"的功能和作用，因而它是一种"软监督"。"权利监督"本身发挥得再充分、再强有力，也只能限于对违规者的口头责备或影响，如批评、检举、控告、延误等，只是作为向监督违法违规者的授权部门或专门监督部门的一种"诉求"。这种"诉求"本身并不能纠正对象的违法违规行为，至多只能造成一种压力，引起有关权力部门的关注和重视。"权利监督"最终必须也只能通过"权力监督"功能的充分发挥才能起到应有的作用。此外，舆论的监督虽然不是"个人行为"，但从其性质和功能来看，显然也属于"权利监督"的范畴。

4. 按监督节点分类

按照质量监督实施的时间节点进行分类，质量监督可以分为事前监督、事中监督、事后监督和全程监督。事前监督是指对质量活动实施前的准备阶段进行的监督，主要审查被监督单位制定的方案、计划、预算是否符合有关方针及政策的规定和提高效益的要求，以便提出切实可行的质量管理决策意见。其是一种积极的监督，带有科学论证和可行性研究的性质，有利于避免重大的决策失误。事中监督是对正在进行的组织活动所实施的监督。由于进行事中监督时，有的组织活动已部分实现，有的尚未进行，因而事中监督具有事前监督和事后监督两种性质。对已经成为事实的组织活动的监督属于事后监督，主要是审查其真实性、合理性、合法性和有效性；对尚未成为事实的组织活动的监督则属于事前监督，主要是审查其可行性以及采取的相应补救措施是否达到预期的目的。事后监督是指在组织业务活动完成后进行的监督。其目的在于审查组织活动是否符合方针、政策和法规，是否真实，有无弊端，效益是否达到预期目标，是否取得应有的效益，从而分析原因，找到症结，总结经验教训，提出建议和意见，以便改进工作。全程监督是对某项军事组织活动实行全过程的追踪监督，现场发现问题，并督促被监督单位及时解决问题。

监督是指公民个人或组织为达到某种目标而对社会、政治、经济等运行过程实行的检查审核、监察督导和防患促进的活动。不论哪种形态的监督，其实质都是对相关权力的制约。监督权是对决策权和执行权的制约。监督有狭义和广义两种不同解释：狭义上的监督侧重于管理职能部门和专职监督部门的监督；广义上的监督突出不同主体对组织活动均有监督职责或义务。同样，质量监督也有广义和狭义之分：从广义上看，质量监督是指有权力或有义务参与监督的具有法人资格的组织和公民个人对组织运行过程所实施的监督；从狭义上看，质量监督专指质量领域的质量管理、检验及其评价部门对组织运行过程所实施的监督。质量监督的实质是对质量活动的决策权和执行权的制约。

4.2 质量管理与质量监督的构成要素

管理与监督是一定组织中的管理者或监督者通过实施计划、组织、人员配备、指导与领导、检验与控制等职能来协调或监督他人的活动，使别人同自己一起实现既定目标的活动过程。因此，质量管理与质量监督的构成要素可以分为质量管理与质量监督组织、质量管理与质量监督者(领导者)和质量管理与质量监督资源。

4.2.1 质量管理与质量监督的组织

组织的希腊文原意是指和谐、协调的意思，是指具有既定目标和正式结构的社会实体。从管理学的角度分析，组织有两种含义：一方面，组织是人类社会最常见、最普遍的现象，工厂、机关、学校、医院、各级政府部门、各个党派和政治团体等都是组织，它代表某一实体本身，又称为实体组织；另一方面，组织又是管理的一项工作或管理的一项职能，是人与人之间或人与物之间资源配置的活动过程。通常来讲，组织是指为实现某一共同目标，经由分工与合作及不同层次的权力、责任制度而构成的集合。

组织是人类集体协作的产物。人类在生存和发展过程中会碰到许多困难和复杂的问题，这些问题只有通过集体协作才能够解决，靠个人力量是不够的。当人们发现依靠集体的力量能够完成个人单独无法完成的目标和能够满足个人更多的需要时，便会通力合作，这样组织就产生了。任何组织的确立都要明确目标、职责与文化。目标是组织存在的前提和基础；职责是要明确分工、权力与协作关系，其由组织目标限定；文化管理是在一定的社会文化环境中进行的，组织文化影响成员的工作态度，使组织保持凝聚力和一致性，引导组织成员实现组织目标。

1. 质量管理与质量监督组织的分类

按照组织的社会功能划分，质量管理与质量监督组织可分为经济组织、政治组织、文化组织和群众组织。

经济组织是人类社会最基本、最普遍的社会组织，它担负着为人们提供物质产品与劳务产品的任务。质量管理与质量监督的经济组织有生产组织、商业组织、金融组织、交通运输组织和服务性组织等。

政治组织的社会功能在于实现某种政治目的，协调各种冲突，维持一定社会秩序。质量管理与质量监督的政治组织包含各级政府、军队等。

文化组织是以满足人们各种文化需求为目标，以文化活动为基本内容的社会组织。质量管理与质量监督的文化组织有企业、社会团体工会、政府宣传机构等。

群众组织是各阶层、各领域的社会成员为开展各种有益活动而形成的社会团体。质量管理与质量监督的群众组织有工会、协会、产品生产者等。

2. 质量管理与质量监督组织的功能

质量管理与质量监督组织的功能如下：

(1) 集聚功能。组织是利用集体力量帮助人类社会超越自身个体发展能力的支撑条件。组织存在的基础是生产的社会化。随着社会需求的日益复杂化、多样化，单纯依靠个人的力量无法满足这些需求，因此人们组成各类组织，在组织中统筹安排各种资源，以尽可能少的资源消耗取得最大的收益。

(2) 约束功能。组织的作用是由其运转过程实现的，是实现管理目标的重要保证。要创建一个有效的组织，只是集合一些人，分给他们职务是不够的，而是应该找一些必要的人并把他们放在最能发挥作用的位置上。作为管理与监督的基本职能，组织在质量管理与质量监督中具有重要作用。组织职能包括设计组织机构、制定相互关系和行为规范，以及招募、评价和训练职工。

(3) 协调功能。以企业为例，组织是连接企业领导与职工、企业与环境的桥梁。企业实现有效领导的前提是领导与职工的信息交流、情感交流。信息交流可使每个职工明确自己的权利与责任。借助于组织内部在合理分工基础上形成的权责分配关系，使组织成员有一个正式的信息联系渠道，可以了解生产中出现的问题，及时进行信息传递，保证问题的及时、有效解决，避免矛盾与误解。

3. 质量管理与质量监督组织的结构

组织结构是组织内的全体成员为实现组织目标，在管理工作中进行分工协作，通过职务、职责、职权及相互关系构成的结构体系。组织结构的本质是成员间的分工协作关系。组织结构的内涵是人们的职、责、权关系，因此，组织结构又可称为权责结构。组织结构可分为以下 4 个结构：

(1) 职能结构。即完成组织目标所需的各项业务工作及其比例和关系。如一个企业有生产、技术、销售、人事及财务等不同的业务职能，各项工作任务都为实现企业的总体目标服务，但各部分的权责关系却不同。

(2) 层次结构。即各管理层次的构成，又称为组织的纵向结构。例如，公司质量管理与质量监督机构的纵向层次大致可分为董事会(监事会)—总经理—质量管理与质量监督职能部门，而各部门下边又设有基层部门，基层部门下边又设立各专业组，从而形成一个自上而下的纵向的组织结构层次。

(3) 部门结构。即各管理或业务部门的构成，又称组织的横向结构，如企业设置生产部、技术部、营销部、财务部和人事部等职能部门。

(4) 职权结构。即各层次、各部门在权力和责任方面的分工及相互关系，如董事会负责决策，经理负责执行与指挥，各层次、部门之间的协作关系，监督与被监督关系等。

4.2.2 质量管理与质量监督者

监督者也可称为领导者。领导是人类社会群体活动的必然产物，在整个管理流程中，领导工作连接了计划工作、组织工作、人力资源管理及控制工作等各个管理职能，是实现组织目标的关键。传统理论认为领导是组织赋予领导者的职位和权力，领导者通过运用这些法定的权力带领下级完成组织的任务，实现组织的目的。新兴的管理心理学理论则认为，领导是一种行为和影响力，不是指个人的职位，领导就是领导者运用这种影响力引导和带领下级在一定条件下向组织目标迈进的行为过程。

领导者是致力于实现领导过程的个人和集体，或者说领导者是集权、责、服务为一体的个人或集体(集团)，可以用公式表示为：领导者=f(权，责，其服务)。领导者既是组织的角色，又是组织的代表。领导者在组织行为过程中起着领导作用，其必须具备一定的权力、责任和服务意识，否则，其领导行为难以进行，领导工作目标也难以实现。

1. 领导者的分类

根据领导过程的不同行为方式(如按照权力集中程度，或按照领导者所关心的重点，或按照领导的工作作风等)可以将领导者分为不同的领导者类型。领导者的行为方式又称领导模式，按照领导者的工作作风，可以将领导模式简单分为以下一些种类。

(1) 压迫式领导。在这种模式中，领导者对下属不信任，下属没有同上级讨论工作的自由，领导者在解决问题时很少去获得下属的意见和办法；下属的工作意识靠恐吓、威胁、惩罚以及偶尔的奖赏激发；机构中下层人员的责任感很少，上级与下级容易形成对立。

(2) 专制式领导。在这种模式中，领导者把对下属的信任当做是对下属的恩赐，下属并不见得能自由地同上级讨论工作；工作意识主要依奖赏或惩罚的威吓取得，下属对完成任务有一定的责任感，交流以下达为主，上报信息往往有投其所好的倾向。

(3) 协商式领导。在这种模式中，领导者对下属有较大但并不是充分的信任，下属觉得能比较自由地同上级讨论工作，领导者经常听取下层的意见并尽量想办法采纳，下属的工作意识通过奖赏、偶尔的惩罚和参与来激发，相当一部分机构人员具有责任感，信息交流较多，下达的命令容易为下属接受。

(4) 参与式领导。在这种领导模式中，上下级之间具有充分的信任，下属在同上级讨论工作时觉得有充分的自由，领导者经常征求下属的意见和想法并尽量积极采纳，下属的工作意识通过奖励来激发；机构中各级人员对组织的目标都有责任感并力争实现目标；组织内信息交流量大，除有上行和下行的信息流动外，还有横向的信息流动；下达的命令容易为下属接受，但有时会受到公开的质问，组织内充满协调的气氛。

2．领导者的功能

领导者的功能是指领导者在领导过程中必须发挥的作用。领导者的主要功能有如下几点：

(1) 实现计划的决策功能。从战略管理的角度来说，根据决策产生的不同途径，间接决定了领导者在决策过程中的重要程度。从决策主体的角度将决策产生过程简单分类，可以分为个人决策和集体决策。个人决策即"企业家战略管理"模式，战略判断和决策完全由领导者一个人完全实施，即是其他人的职责也能使这一决策目标实现。集体决策时，领导者需要统筹、协调各个决策主体意见，通过汇总、提炼等方式，最终决策。

(2) 实现领导的组织功能。首先为实现领导的组织功能，领导者必须在组织内进行合理分工。分工的实质是对企业组织的要素进行配置。其次要做好组织内各系统之间的协调工作。分工的目的是明确各子系统的职责，使各子系统能独立工作。但仅有分工是不够的，如果没有必要的协调，分工就会导致组织内部的分裂。协调是做好组织工作的重要保障，是领导者主要的工作内容。最后还要使全体员工目标一致，达到心往一处想，劲往一处使的最为理想的局面。

(3) 实现领导的激励功能。激励功能是指领导者在领导过程中，通过激励方法调动下级和职工的积极性，使之能积极努力地去实现组织目标的功能。实现组织的目标是领导者的根本任务，但完成这个任务不能仅靠领导者一个人去动手亲自干。领导者应在组织的基础上，通过激励的作用将全体职工的积极性调动起来。"众人拾柴火焰高"，领导的激励，形象地说，就是要使众人都去拾柴。

(4) 实现领导的控制功能。控制功能是指在领导过程中，领导者对下级和员工以及整个组织活动驾驭和支配的功能。在实现组织的目标过程中，"偏差"是不可避免的。这种"偏差"的发生可能源自于不可预见外部因素的影响，也可能源自于内部不合理的组织结构、规章制度、不合格的管理人员或员工。纠正"偏差"，消除导致"偏差"的各种因素是领导的基本功能。

4.2.3　质量管理与质量监督资源

质量管理与质量监督资源是指为实现既定的质量管理与质量监督目标而需要的人员(领导者除外)、设施、设备和信息等。

1．质量管理与质量监督人员

质量管理与质量监督人员泛指从事质量管理与质量监督活动的人力资源，具体是指具有专门的质量管理与质量监督知识和较强的质量管理与质量监督工作能力，能够圆满完成本职工作任务的人员。在职能上可区分为两大类：一是质量管理与质量监督指挥人员，主要担负质量管理与质量监督组织、计划、指挥、管理、协调和控制等职能；二是质量管理与质量监督专业技术人员，包括质量管理与质量监督技术管理人员、质量管理与质量监督技术保障人员和辅助勤务人员等。质量管理与质量监督人员是质量管理与质量监督活动的主体和关键，也是质量管理与质量监督力量中最具有主动性、灵活性的基本要素。质量管理与质量监督人员素质的高低直接决定质量管理与质量监督的总体水平。

2．质量管理与质量监督设施

质量管理与质量监督设施是指质量管理与质量监督实施监测、维护和储存信息所需的永久或半永久性场所及其配套设备。它是实施质量管理与质量监督活动的重要依托,是确保质量管理与质量监督活动正常运转的物质条件,是完成质量管理与质量监督任务的先决条件之一。质量管理与质量监督设施可分为基础和专用两大类,基础设施包括作业场地、试验场地、库房、存储与运输设备等;专用设施包括专业实验室、专业检测场等。设备配套齐全、布局合理的质量管理与质量监督设施是完成质量管理与质量监督活动所必需的物质基础。

3．质量管理与质量监督设备

质量管理与质量监督设备是指实施质量管理与质量监督活动的设备和工具。其主要包括质量管理与质量监督所需的各类搬运、计量、检测、试验、诊断仪器设备和工具,以及各种配套设备。质量管理与质量监督设备作为装备的重要组成部分,既具有质量管理与质量监督的共性特征,又具有结构的系统性和功能的兼容性等个性特征。质量管理与质量监督设备是衡量质量管理与质量监督能力的主要标志之一,其性能直接关系着质量管理与质量监督体系的整体功能。它是随着社会科技、经济实力、军事技术的提高,以及管理与监督对象的发展而逐步形成和发展的,受质量管理与质量监督需求、科学技术、经济条件等因素的影响。

4．质量管理与质量监督信息

质量管理与质量监督信息是指与质量管理与质量监督活动有关的数据、资料和知识。在质量管理与质量监督各要素中,质量管理与质量监督信息具有将其他要素"黏合"的核心作用。对于任何质量管理与质量监督活动来说,获得的质量管理与质量监督信息越及时、越准确、越完整,就越能保证质量管理与质量监督精确、可靠、迅速、高效。质量管理与质量监督信息的获取和运用将成为决定质量管理与质量监督成败的关键因素。信息获取和运用得好，就能够极大地提高物质资源的利用率，大大增强质量管理与质量监督的能力。质量管理与质量监督信息影响装备保障力量要素的组合形式，而这种组合形式在很大程度上又受信息收集、处理和传递手段限制。在这些手段相对落后的情况下，必须依靠增加层次来解决信息的收集、处理和传递问题。

4.2.4　质量管理与质量监督的规章制度

质量管理与质量监督规章制度是指由组织按照规定的程序制定颁发的，用以调整质量管理与质量监督活动中所产生的各种关系的规章制度的总称。它是质量管理与质量监督的重要组成部分，是组织实施质量管理与质量监督活动的依据和行为规范，是顺利完成质量管理与质量监督任务的重要保证。

质量管理与质量监督规章制度不仅是构成组织体系和质量管理与质量监督体系的一个重要组成部分，而且其自身也构成一个相对独立的完整体系。这是由质量管理与质量监督规章制度调整对象的特殊性所决定的。由于质量管理与质量监督规章制度所调整的对象不同，因此其自身又分成若干门类、若干层次。这些不同的规章制度之间相互联系、协调一致、有机结合，便形成一个相对独立的、完整的质量管理与质监督规章制度体系。简单地说，质量管理与质量监督规章制度体系是由不同层次和不同方面的质量管理与质量监督规章制度组成的有机整体。

从纵向角度来说，质量管理与质量监督规章制度要依赖于国家法规和标准规范以及相关行业要求，且与各组织的规章制度相匹配。从横向角度来说，质量管理与质量监督规章制度与人力资源规章制度、财务管理制度等相协调，共同为组织目标实现提供支撑。

4.3 质量管理与质量监督的影响因素

质量管理与质量监督的影响因素是制定质量管理与质量监督计划的重要基础，分析和了解质量管理与质量监督的影响因素，以及各因素对质量管理与质量监督的影响机理，对于制定正确的质量管理与质量监督目标具有重要指导意义。

4.3.1 组织战略

随着政治、经济、技术、法律、社会文化所构成的组织(特别是企业)外部环境日趋复杂和动荡，组织间的竞争日趋激烈，随着组织规模的日益扩展，组织的运行更是日趋复杂和难以控制。在这样的条件下，科学地预测未来，为组织把握正确的方向就成了组织管理与监督工作中的首要工作。也就是随着这样的要求，20 世纪 60 年代，在政府、宗教和军队之外，企业等组织也产生了战略管理理论。

从方法论的角度看，战略的本质是保证组织发展的管理工具，它是人类为谋求组织与其运行环境相适应的一种管理活动。所谓战略，是指战略制定者根据自己的主观认识去看待战略制定需要涉及的环境要素，以求组织资源、能力与组织外部环境的平衡。战略制定者主观认识与客观存在相一致是战略制定者自我判断的产物。

战略实质上是一种极具主观性质的谋划活动。这也就很好地解释了为什么面对几乎相同的情况,组织的战略会有如此之大的差异;也解释了为什么在众多的竞争中只有极少数的组织能够获得重大的成功。这也正如毛泽东所讲到的:"战争指挥员活动的舞台,必须建筑在客观条件的许可上,然而他们凭借这个舞台,却可以导演出很多有声有色、威武雄壮的戏剧来。"

质量管理与质量监督作为组织战略实施的一个重要组成部分,其决策必须与组织战略目标相一致。质量管理与质量监督计划只有与组织战略的规划、计划相衔接,实施手段与方法与组织环境和其他环节相匹配,才能够实现质量管理与质量监督的根本目的和价值,使领导者的意图和组织目标得以实现。

4.3.2 质量管理与质量监督的环境

一个关于"一个组织的成败是否总是直接归因于内部的管理与监督"的讨论,引出了管理与监督是否是万能的讨论,并由此可以从组织面临的内、外部环境角度将管理与监督分为万能式管理与监督(管理万能论)和象征性管理与监督(管理象征论)两种模式。

管理万能论将最高管理者视为组织的中流砥柱,他们能够克服任何障碍去实现组织的目标。例如,克莱斯勒汽车公司的董事会主席李·艾科卡(Lee Iacocca),就因为其在80年代中期使克莱斯勒公司业绩卓著而成为美国公司的民族英雄。艾科卡在70年代末接管克莱斯勒公司时,该公司已濒临倒闭,1980年,公司亏损17亿美元。艾科卡上任后,削减费用,引进新产品(包括新型小客车)。到1984年,该公司扭亏为盈,使公司起死回生,净利润达到24亿美元,艾科卡也因此获得了极高声望。当然,管理万能论并不仅仅局限于工商业组织,它还可以用来解释为什么教育与行政领域能够有序运转。

管理象征论的观点认为，一个组织的成果受到大量管理者无法控制的因素影响。这些因素包括经济和政府政策、竞争对手的行为、特定产业的状况、对专有技术的控制，以及组织前任管理者的决策。20 世纪 90 年代，国际收割机公司(International Harvester, 现称为纳维斯他国际公司)每月亏损上千万美元，其将亏损原因归结为农场主们苦于萧条导致的农产品价格下跌而无力购买国际收割机公司生产的农用机械及重型卡车。虽然董事会解雇了董事会主席兼首席执行官阿奇·麦卡德尔，但显然，农业的萧条并不是麦卡德尔造成的，他的解雇也并不能带来对农用机械及卡车需求的上升，他只是在不适当的时候处在不适当的位置上。

在现实中，领导者者既不是软弱无能的，也不是全能的。每一个组织中都存在着限制领导者决策选择的内部约束力量，这些内部约束源于组织的文化。此外，外部约束也冲击着组织，并限制着领导者的自由，这些外部约束来自于组织环境。

1. 管理与监督内部环境

管理与监督的内部环境，即组织文化。每一个人都具有某些心理学家所说的"个性"。一个人的个性是由一套相对持久和稳定的特征组成的。当我们说一个人热情、富有创新精神、轻松活泼或保守时，我们是正在描述他的性格特征。一个组织也同样有自己的个性，这种个性我们称为组织的文化。在每个组织中都存在着随时间演变的价值观、信条、仪式、神话及实践的体系或模式，这些共有的价值观在很大程度上决定了员工的看法及对周围世界的反应。当遇到问题时，组织文化通过提供正确的途径来约束员工行为("这就是我们做事的方式"),并对问题进行概念化、定义、分析和解决。

1) 文化的内涵与特征

首先,文化是一种知觉。这种知觉存在于组织中而不是个人中。组织中具有不同背景或不同等级的人试图以相似的术语来描述组织的文化,这就是文化的共有方面。其次,组织文化是一个描述性术语。它与员工是否喜欢他们的组织无关,它只与员工如何看待组织有关,而且只是描述性的,而不是评价。尽管现在我们没有规范性的方法来测量组织的文化,但前期的研究可将文化归纳为 10 个特征来加以识别。这 10 个特征是:

(1) 成员的同一性。员工与作为一个整体的组织保持一致的程度,而不是只体现出他们的工作类型或专业领域的特征。

(2) 团体的重要性。工作活动围绕团队组织而不是围绕个人组织的程度。

(3) 对人的关注。管理决策要考虑结果对组织中的人的影响程度。

(4) 单位的一体化。鼓励组织中各单位以协作或相互依存的方式运作的程度。

(5) 控制。用于监督和控制员工行为的规章、制度及直接监督的程度。

(6) 风险承受度。鼓励员工进取、革新及冒风险的程度。

(7) 报酬标准。同资历、偏爱或其他非绩效因素相比,依据雇员绩效决定工资增长和晋升等报酬的程度。

(8) 冲突的宽容度。鼓励雇员自由争辩及公开批评的程度。

(9) 手段—结果倾向性。管理更注意结果或成果,而不是取得这些成果的技术和过程的程度。

(10) 系统的开放性。组织掌握外界环境变化并及时对这些变化作出反应的程度。

组织文化是这 10 个特征的一种复合体。不同的组织文化将造就不同的组织模式。一个制造企业要求员工对企业忠诚，那么企业会设定大量的规章制度要员工遵守，以及密切监督员工以保证不发生偏差。企业关心的是高生产率，而不管它对员工士气及流动的影响。企业也可以激励员工以他们的技术才能和专业知识以及同公司外的广泛交往为荣，或管理者相信员工会努力工作并值得依赖，或企业中只有少量的规章制度，监督较松。

通用汽车公司被普遍描绘成冷静的、正规的、不愿意冒险的公司。在 20 世纪 30 年代它是如此，现在基本上还是这样。相反，休利特—帕卡德公司是一个非正规的、结构松散的、极富人情味的公司。尽管两家公司的文化截然不同，但他们在过去都获得了实质性的成功。

2) 文化的功能

组织文化确立了对人们应做什么，不应做什么的约束，所以它与管理和监督尤其相关。在国外，这些约束很少是清晰的，也没有用文字写下来，甚至很少听到有人谈论它们，但它们确实存在。在国内，许多公司在确定目标的同时就明确了企业文化和价值观，使公司中所有的管理者很快就会领会"该知道什么和不该知道什么"。

这些价值观与管理行为间的联系是相当直观的。如果一个组织的文化是以对员工的不信任为基础的话，管理者更可能采用独裁式的领导方式，而不是民主的方式。信奉独裁式管理的管理者在某种程度上使得他们喜欢将信息"藏在贴身的内衣里",结果使人们无法获得所需的全部数据而不能做出适宜的决策。在管理和监督的各个过程中,受到文化影响的方面很多。如:

(1) 计划:计划应包含的风险度;计划应由个人还是群体制定;管理者参与环境扫描的程度。

(2) 组织:员工工作中应有的自主权程度;任务应由个人还是小组来完成;部门经理间的相互联系程度。

(3) 领导:管理者关心员工日益增长的工作满意度的程度;哪种领导方式更为适宜;是否所有的分歧(甚至是建设性的分歧)都应当消除。

(4) 控制:是允许员工控制自己的行为还是施加外部控制;员工绩效评价中应强调哪些标准;个人预算超支将会产生什么反响。

3) 文化的分类

虽然所有的组织都有文化,但并非所有的文化对组织成员都有同等程度的影响。按照文化对组织的影响程度,可以将文化分为强文化和弱文化。

强文化(Strong cultures)(强烈拥有并广泛共享基本价值观的组织)比弱文化对组织成员的影响更大。组织成员对组织的基本价值观的接受程度和承诺越大,文化就越强。

一个组织文化的强弱或居于其间与否,取决于组织的规模、历史、组织成员的流动程度及文化起源的强烈程度。一些组织分不清什么是重要的,什么是不重要的,这是弱文化的一个特征。在这样的组织中,文化对管理者的影响很小。然而大多数组织已向强文化转变,他们对什么是重要的、什么是正确的组织成员行为、什么推动了组织的前进等问题取得了共识。我们有理由希望当组织文化变得更强时，它将会对管理人员的所作所为产生愈来愈大的影响。

2. 管理与监督外部环境

管理与监督外部环境可以狭义地理解为对组织产生影响的约束条件。认识到任何组织都不是独立存在的，这是系统方法对管理的主要贡献。对组织而言，环境(Environment)是指对组织绩效起着潜在影响的外部机构或力量。

1) 环境的描述

管理学将环境分为一般环境和具体环境，对质量管理与质量监督而言，同样可以这样分类。

(1) 一般环境与具体环境。一般环境(General environment)包括组织外的一切，例如，经济因素、政治条件、社会背景及技术因素，还包括那些能影响组织但联系尚不清楚的条件。例如，技术的发展，使得很小的计算机光盘就能容纳整个书架的书的内容，这就是出版商西蒙与舒斯特公司(Simon &Schuster)的一般环境中的一种情况。它对图书产业的影响尚不清楚，但它的潜在作用将会是非常大的。同样，美元对英镑及法郎的坚挺，对在大不列颠及法国经营的美国公司来说是一种环境力量,但它的影响是潜在的关系。

具体环境(Specific environment)是与实现组织目标直接相关的那部分环境，它是由对组织绩效产生积极或消极影响的关键用户群或要素组成的。具体环境对每一组织而言都是不同的，并随条件的改变而变化。典型的情况是它包括供应商、客户或用户、竞争者、政府机构及公共压力集团。

洛克希德飞机公司严重依赖防务合同,因此美国国防部就处于其具体环境中。显然,一个组织的具体环境因素经过一段时间会转变成一般环境因素,反之亦然。如果一家家用器械制造商以往从未向百货公司出售过产品,最近却签订了一份 3 年期合同,向其出售它的洗衣机产量的 40%,这些产品将以零售商的商标出售。这一行动将公司从该制造商的一般环境移向了它的具体环境中。

(2) 环境的不确定性与复杂度。环境的不同是指我们所说的环境的不确定性(Environ-mental uncertainty)程度不同。因而,环境的不确定性可分解为两个维度,即变化程度和复杂程度。如果组织环境要素大幅度改变,我们称之为动态环境;如果变化很小,则称之为稳态环境。在稳态环境中或许没有新的竞争者,或许现有竞争对手没有新的技术突破,或公共压力集团极少有影响组织的活动,等等。

史密斯—科罗纳公司在20世纪60年代所处的环境就为我们提供了一个例子。在史密斯—科罗纳公司(Smith-Corona)的细分市场中,便携式打字机很少有强有力的竞争者。在 20 世纪 60 年代或 70 年代初,当时孩子们上大学时大都携带一台该公司生产的手动或电动打字机。但到了 20 世纪 70 年代中后期,由于技术上的突破,在史密斯—科罗纳公司的环境中开始出现了根本性变化,低成本的个人计算机除了可以打字外,还可进行字处理和完成其他功能,而且电子打字机能完成电动打字机所做的一切,而且更便宜。在不到 6 年的时间里,史密斯—科罗纳公司发现它的便携式打字机市场实际上已经崩溃了,于是该公司的环境变化程度从稳态转向了动态。

与不确定性相关的另一个维度是环境复杂性(Environmental complexity)程度。复杂性程度是指组织环境中的要素数量及组织所拥有的与这些要素相关的知识广度。当洗衣机制造商签订合同将 40%的产品卖给某一特定公司时，它就减少了其消费者数量，这样，也就降低了环境的复杂性。一个组织要与之打交道的用户、供应商、竞争者及政府机构越少，组织环境中的不确定性就越少。

由于环境的不确定性威胁着一个组织的成败，因此管理者应尽力将这种不确定性减至最低程度。

2) 影响外部环境的主要因素

管理与监督总是在一定的环境中进行的，必然会受到环境的约束。管理与监督的艺术性强调管理与监督要因时因地而异，也就是强调要注意环境的影响。影响管理与监督效率、制度、方式的环境因素主要有以下几个方面。它们之间的关系如图 4-1 所示。

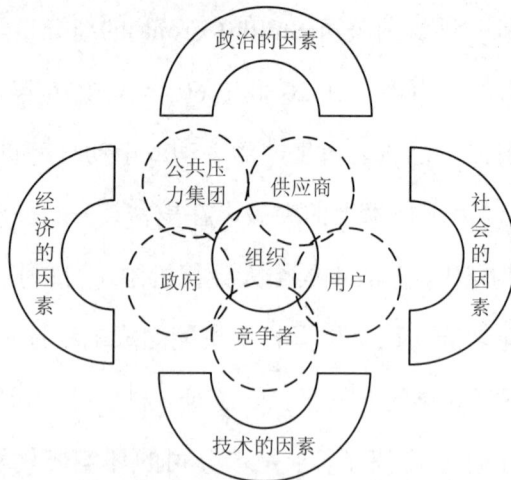

图 4-1 外部环境因素关系

（1）经济形势和经济发展水平。经济形势和经济发展水平是制约管理与监督的经济系统因素。经济形势主要是指管理者目前所处的总体的经济形势和所在行业、地区的经济形势。它主要决定组织所面临的市场竞争状况、物力与财力资源的供给、劳动力供给状况和组织队伍的稳定性等。经济发展水平则决定着人们的收入水平，由此决定人们的需要层次和结构。经济发展水平还决定着生产组织形式和所使用的劳动工具的技术水平，以及由此产生的分工协作方式。在市场经济中，市场机制、市场体系的完善程度也是制约管理与监督的重要因素。

（2）社会制度和政治法律制度。管理与监督具有社会属性，任何一种管理与监督体制无不打上所依存的社会制度的烙印。除此之外，管理与监督体制、方式还受具体的政治法律制度的制约。如有些资本主义国家法律明确规定工人必须参加企业的管理与监督，有些国家却无类似规定。管理与监督过程必须合法，管理与监督还必须贯彻一定的路线、方针和政策。这些都将约束管理与监督过程和管理者。

（3）历史文化传统。历史文化传统是指一个社会在长期的发展过程中形成的、并具有相当稳定性和影响力的行为规范、价值取向、风俗习惯等。历史文化传统对人们行为的约束力不同于成文的法律法规，它以人们的自觉自愿遵守为前提。所以，历史文化传统不像成文的法律法规那样看得见，摸得着，但却又是可实实在在感受到的，许多方面的影响既深且广，是制约管理与监督因素中最为重要的"软"因素，或称"软"环境。

（4）科学技术。科学技术是管理与监督领域最活跃、最积极的因素。就质量管理与质量监督而言，以监测为主的科学技术直接影响管理与监督的对象、手段和方式，进而影响管理与监督力量、体制及理论的建设和发展。科学技术推动管理与监督对象的变革和管理与监督内容的变化。管理与监督领域一直吸收、利用科学技术成果，对科学技术更新的反应比较灵敏。科学技术的发展推动了管理与监督的发展和变革，通过高技术的物化牵引并产生了和以往迥然不同的新型管理与监督模式。科学技术的进步使得管理与监督具有了适应管理与监督对象不断变化的能力。

4.4　质量管理与质量监督的一般规律

质量管理与质量监督规律是质量管理与质量监督这一特定事物诸要素之间内在的、本质的、必然的联系。它反映的是质量管理与质量监督诸要素的基本矛盾，主要通过质量管理与质量监督活动表现出来，具有明显的特殊性。

4.4.1　质量管理与质量监督和组织与用户的规律

质量管理与质量监督受组织与用户的双重需求牵引并具有反作用。质量管理与质量监督是为用户提供物质和服务的保障活动，其属性决定了它的基本矛盾是"需求"与"制约"的矛盾。对质量管理与质量监督的需求主要包括两个方面：一是组织的需求，即组织战略、组织建设目标等方面的需求；二是用户的需求，即用户对产品性能、状态、实现方案、服务保障等需求。这一规律揭示的是组织与用户需求对质量管理与质量监督能力的"牵引"关系，是质量管理与质量监督最本质的、必然的关系。

1. 组织和用户的"双重需求"牵引质量管理与质量监督能力的建设与发展

(1) 质量管理与质量监督能力建设的内容、规模、速度、质量是由组织需求决定的。用户的需求需要通过组织转化为组织需求才能发挥作用。不同的组织战略方针、组织建设目标在客观上就有不同的质量管理与质量监督需求。质量管理与质量监督能力以科技水平、经济条件为基础,由组织保障资源和社会资源共同构成。质量管理与质量监督活动作为组织活动的一部分,和质量管理与质量监督活动的关系是局部与全局的关系。质量管理与质量监督能力只有适应组织需求才能完成组织任务,这是不以人们意志为转移的客观规律。

(2) 质量管理与质量监督能力随着动态的组织需求而变化。不同时期的组织建设目标有不同的质量管理与质量监督需求,也就有不同的质量管理与质量监督能力。在军事领域,冷兵器时期,交战双方都是列队对峙,短兵相接,白刃格斗,对质量管理与质量监督的需求主要是使兵器的硬度得以保证;机械化时期,为适应机械化兵器高机动、强火力和高防护性的需要,质量管理与质量监督不仅需要对装备的速度进行检验,还要对威力和冲击性进行评定;高技术兵器时期特别是信息化时代,对装备保障的需求则在机械化时期的基础上有了新的发展,质量管理与质量监督需要具备对装备精度、通信质量等进行检验监测的能力。因此,组织和用户需求的存在和发展为质量管理与质量监督能力提供了前提条件和内在动力,同时决定了质量管理与质量监督的目标。

2. 质量管理与质量监督能力对组织与用户需求具有反作用

(1) 质量管理与质量监督能力可在一定程度上改变产品质量水平，从而改变组织需求。产品固有特性既是生产出来的，也是管理与监督出来的。只有在强有力的组织协作、保障和管理与监督下，才能持续、稳定地输出高质量产品。一个"完美"的产品生产计划在实际操作过程中总会遭遇各种"特殊"情况，需要质量管理与质量监督及时发现、总结、校正，确保产品生产过程在预期的路径上优化原有方案，使之更加符合实际需求。

(2) 组织需求是建立在质量管理与质量监督能力基础之上的。不论是组织活动还是产品生产过程都是在一定物质技术条件下进行的，必须依靠强有力的质量管理与质量监督能力确保目标的实现。这是满足产品质量需求的基本手段。组织对技术条件的需求质量越高、种类越复杂，其对质量管理与质量监督能力的依赖性就越强。古代冷兵器时期，战争消耗的主要是体能，组织的需求主要是刀戟、车马、战船和衣甲，品种单一，数量较少，既可取之于敌，又能就地狩猎，所以军队对质量管理与质量监督主要体现在兵器选材和鉴别上。而现代高技术兵器时期，质量管理与质量监督已经渗透到产品概念设计的最初阶段。

(3) 质量管理与质量监督能力与组织需求互为前提、互为条件。当质量管理与质量监督能力基本满足组织需求时，它就能完成质量管理与质量监督任务，就会起到增强和保证产品质量的作用。当质量管理与质量监督能力不适应组织需求时，将会出现两种情况：一种是质量管理与质量监督能力满足不了组织需求，特别是满足不了新型产品的检验需求时，就会影响产品质量的生成，进而影响组织建设和组织战略的实现；另一种是质量管理与质量监督能力超出组织需求时，尤其是原有质量管理与质量监督能力偏大时，就会出现能力过剩、过度监管的现象，这不仅会造成巨大的资源浪费，而且最终还会使组织结构畸形、组织环境遭到破坏，以及组织成员内部形成一种不信任情绪，从而影响整个生产过程。

质量管理与质量监督能力适应组织需求的规律表明，虽然质量管理与质量监督能力处于矛盾的次要方面，但涵盖组织建设和服务活动的各个方面在组织建设发展全过程中起支配作用。质量管理与质量监督能力决定着质量管理与质量监督力量、保障条件建设的方向，作用于产品生产和服务的全过程。在不同的历史时期，其作用形式所表现的重点也不尽相同。因此，运用这一规律指导质量管理与质量监督工作，必须探索新形势下质量管理与质量监督规律的特殊表现形式和特殊要求，主动适应，充分准备，技术先行，以监管有力为目标，实现组织既定战略。

4.4.2　质量管理与质量监督和产品的规律

质量管理与质量监督组织形式和内容随产品特点不同而变化。从质量管理与质量监督发展的历史可以看出，质量管理与质量监督组织形式和内容是不断发展的。在一定的历史时期，采取何种质量管理与质量监督组织形式，有什么样的质量管理与质量监督内容，不是由人们随意决定的，而是由质量管理与质量监督对象——产品决定的。这一规律揭示的是质量管理与质量监督客体决定质量管理与质量监督主体的规律。

(1) 不同的产品决定不同的质量管理与质量监督方式。产品一般分为硬件、软件和服务等。机械、电路板等硬件产品的生产过程是可见、可控、可测的，质量管理与质量监督的环节设置较为便捷，质量管理和质量监督可以采用实时监测的方式进行。软件产品主要由计算机来完成，在编制软件的过程中，虽然可以对单一模块进行监测和调试，但在最终联调联试之前，很多问题是难以预测的，导致质量管理与质量监督变得十分困难，需要具备丰富经验和专业能力的专业人才来担任质量工程师。而服务领域则完全不同，服务的质量管理与质量监督没有一个统一的定量标准来衡量，完全依赖于服务对象的主观感受来进行评价，整个服务过程存在极大的不确定性，质量管理与质量监督一般采用过程监控、动态优化的方式，并融入服务过程中。

(2) 不同产品的生产规模决定不同的质量管理与质量监督组织形式和内容。冷兵器时期，军队结构比较单一，只有步兵、骑兵和水兵等几大兵种，武器装备简单，与此相适应，质量管理与质量监督的组织形式和内容也较简单，质量管理与质量监督一般仅限于统治者对兵器作坊的管理与监督，质量管理与质量监督机构独立于产品生产过程之外，属于外部监督。即使有一些官办作坊，质量管理与质量监督的形式也是事后监督。随着企业的出现，规模化生产的产生，信息化产品的出现，原有适用于小规模管理的垂直管理的组织结构已经不再适用，出现了 H 型、M 型以及混合型组织结构，与此相适应，质量管理与质量监督的作用凸显出来，内部监督成为常态，并作为一个内部独立的组织部门来遂行质量管理与质量监督任务，并融入生产过程的每个环节。这样，每出现一种新型组织体制形态且发展到一定规模，就会出现一个新的组织模式，使组织体制编制发生变化，从而都会或快或慢地引起质量管理与质量监督组织形式和内容的变化。

(3) 产品形成过程对装备保障组织和内容的影响增大。从产品全寿命来看，产品全寿命要经历规划、预研、科研、试验、生产、采购、管理、维护、报废等几大阶段。当前，电子信息系统性能每 6～12 个月上升一个数量级，这就需要在产品全寿命保障过程中具有"灵魂性"功能和作用的检验技术同步升级，但其能力的生成必然在产品对象发生变化后才能形成。对于信息化产品来说就容易造成相对稳定的质量管理与质量监督内容和方法相对滞后于产品发展，具有时间上的滞后性和延续性。每当产生一种新型产品，其技术体系和检验需求将会发生重大变化，如果现有组织体制难以适应其需求，就必然影响和制约质量管理与质量监督的组织形式和内容。随着全寿命管理理念的提出，全员参与管理的组织形态形成后，将从组织方式的角度弥补这种滞后引起的匹配性不足问题，质量管理与质量监督也将发展出新的组织形式和实施方式。

(4) 不同环境条件下生产的产品决定不同的质量管理与质量监督内容。从大的范围上说，我国有 960 余万平方公里的陆上领土和 300 余万平方公里的海上领土，东南西北各地的天文、地理、人文条件存在着巨大差异，在各种条件下生产产品的人员具有不同的风俗习惯，生产的产品需要具备的特点和要求也极不相同，相应地导致所需的质量管理与质量监督内容及方式存在很大的差别。从小的范围上说，不同组织具有不同的组织文化和价值导向，不同领导者有不同的个人喜好，加之传统价值观的影响，也将间接影响质量管理与质量监督的内容和方式。因此，只有根据产品所处的内外环境确定相应的质量管理与质量监督内容，并依靠质量管理与质量监督内容的实施取得快速高效的管理成效，才能顺利达到预期的组织目的。这是由质量管理与质量监督内容相互间的本质联系决定的。

质量管理与质量监督形式和内容适应产品特点的规律充分说明了质量管理与质量监督客体是质量管理与质量监督活动存在的基础,同时也是质量管理与质量监督主体选择并确定质量管理与质量监督目标、手段的客观依据。质量管理与质量监督客体决定质量管理与质量监督主体主要表现为:质量管理与质量监督客体的特性决定着质量管理与质量监督主体的组织方式及素质要求,质量管理与质量监督客体的发展变化决定了质量管理与质量监督主体的发展变化。有什么样的产品,就要有具有相应素质的质量管理与质量监督人员实施质量管理与质量监督。由于产品的变化对质量管理与质量监督人员的组织方式与素质会提出更新、更高的要求,因此需要对质量管理与质量监督人员及其组织方式与素质不断进行调整、培训和提高。通常情况下,高新技术产品需要掌握高技术的人员运用现代化的手段,组织实施高技术的质量管理与质量监督活动,这是高新技术产品的客体对质量管理与质量监督主体的要求。当然,质量管理与质量监督主体又能动地反作用于质量管理与质量监督客体。这主要表现在:当质量管理与质量监督主体能够全面把握质量管理与质量监督客体时,便能科学地确定质量管理与质量监督目标,合理地选择质量管理与质量监督手段,恰当地制定质量管理与质量监督方案和计划,适时地确定和组织质量管理与质量监督资源,并通过实施质量管理与质量监督活动达到预期的质量效果。

4.4.3 质量管理与质量监督和科技水平与经济实力的规律

质量管理与质量监督活动依赖科技水平与经济实力。质量管理与质量监督活动是组织能力的具体表现形式,它既具有科技性,也具有经济性,即非物化因素和物化因素共同作用的结果。科学技术与经济在质量管理与质量监督领域作用的结果就是提高组织活动的质量与效率。这一规律体现了组织系统的环境因素对组织活动的影响和制约作用。

1. 质量管理与质量监督活动依赖科学技术水平

科学技术作用于质量管理与质量监督领域主要有两个途径。一是科学技术物化形成质量管理与质量监督设备(设施),从产品设计、生产、采购直接作用到使用活动之中,这是一个顺延的过程。比如产品生产的光、机、电、信息技术,以及生产工艺与技术要求,直接产生出相应的检测技术、维护技术、校正技术和仓储技术等。二是利用当代高新科学技术,比如将无损检测、微波、仿真模拟等技术直接运用到质量管理与质量监督领域,并融入到产品设计过程之中,形成新的产品设计科学技术。

(1) 科学技术推动质量管理与质量监督对象的发展,从而改变着质量管理与质量监督活动。从黑色火药制造技术到机械技术、材料技术以及精确制导技术、电子信息技术、隐身技术、新能源技术、新材料技术的发展史表明,质量管理与质量监督领域一直是吸收和利用科学技术成果较多的领域。许多新技术在应用于产品后,必然推动质量管理与质量监督技术的发展,也改变着质量管理与质量监督活动。各种先进的电子和信息设备、智能化产品、无人化装备以及新概念武器、非致命武器、信息化装备等,对质量管理与质量监督活动提出了新的要求,推动了质量管理与质量监督活动的演变和发展。

(2) 科学技术会引起质量管理与质量监督活动的变化。科学技术的发展,比如以高技术为标志的新技术革命,通过高技术在不断物化出新的产品,产生与以往迥然不同的新型产品体系的同时,也引起质量管理与质量监督活动向配套化方向发展。科学技术不可能完全抛弃原有的产品，新旧产品并存和同时发挥作用，将是不可避免的历史发展过程，这是产品发展的共同规律。新老并存、互为补充、逐步发展的产品系统决定了质量管理与质量监督活动必须具有系统综合性。同时，科学技术的通用性决定了质量管理与质量监督活动的社会化。科学技术不仅作用于质量管理与质量监督领域，而且向社会领域渗透，成为社会通用的科学技术，特别是产品的管理和监督与产品生产的融合已成为必然趋势，必然导致质量管理与质量监督活动的根本性变革。

(3) 科学技术促进质量管理与质量监督活动质量和效率的提高。质量管理与质量监督活动是由人员、手段、设备和设施、体制、理论等多种要素构成的，所有这些要素无不是科学技术的结晶。科学技术为提高质量管理与质量监督活动的质量和效率奠定了可靠的基础。一方面，科学技术的发展日新月异并在质量管理与质量监督领域广泛运用，质量管理与质量监督人员科学技术素质的高低成为提高质量管理与质量监督活动质量和效率的先决条件。另一方面，质量管理与质量监督手段的科学技术水平是增强质量管理与质量监督能力的基础。建立与产品相适应的检测、诊断及其配套设施，成为提高质量管理与质量监督质量和效率的重要手段。产品发展史证明，越是先进的、复杂的产品，越需要与其科学技术水平相适应。在运用科学技术发展新型产品的同时，必须配套研制、生产与之相适应的质量管理与质量监督设备(设施)。质量管理与质量监督设备(设施)的科学技术水平对质量管理与质量监督机构、环节、方式和制度的确定都具有重要的制约作用。

2．质量管理与质量监督活动依赖经济实力

任何活动都是在一定的客观经济条件下进行的，质量管理与质量监督也必须以一定的经济实力为基础。质量管理与质量监督的建设发展和组织实施需要组织提供经济支撑，同时又受其制约。经济是影响质量管理与质量监督的重要因素。

(1) 经济实力决定质量管理与质量监督活动的规模。对于质量管理与质量监督而言，经济实力影响和制约投入质量管理与质量监督的人力、物力、财力数量规模的大小。质量管理与质量监督对产品而言，实质上是一种再投资、再生产甚至是再设计，体现的是以较少的资源消耗获得高质量的产出。大量的综合论证研究表明，在产品全寿命过程中，研制费占新装备总费用的 10%，生产和采购费占 30%，维护费用达到 60%。而高水平的质量管理与质量监督能够通过大幅度减小故障来降低维护费用的支出。因此，世界各国都十分重视产品质量。军队也都非常重视产品质量，当前世界主要国家军队装备维修费占总军费比例普遍在 12%～15%。美军 20世纪 80 年代其装备维修费约占国防费用的 11.06%，在技术飞速发展的 90年代仅仅增加了大约 3%，为 14.2%。这与其装备的可靠性明显提高具有十分密切的关系。当前，一方面组织对质量管理与质量监督的投入有限，从而制约其发展的规模；另一方面，要保障产出高质量产品，就需要加强质量管理与质量监督建设和必须充分发挥有限的质量管理与质量监督资源的效能，提高质量管理与质量监督综合效益，走出一条投入较少、效益较高的路子。

(2) 经济实力影响质量管理与质量监督活动的程度。经济实力是用于

组织活动的人力、物力、财力及经济组织管理能力的总和。它主要包括：研制门类、生产门类和生产所需原料的门类；从事组织活动的社会劳动力；用于组织建设和市场的费用及储备的规模等。因此，经济实力是组织系统维持的依托，是质量管理与质量监督程度高低的前提和基础。一方面，随着高新技术广泛应用于质量管理与质量监督领域，现代监测设备特别是高新技术的监测设备由于其精度等必须要高于产品，导致监测设备造价高昂。设备的高技术、高造价必然直接大大增加质量管理与质量监督的成本，建立高新技术质量管理与质量监督系统同样需要巨大的人力、财力、物力投入，经济实力的高低直接决定质量管理与质量监督系统投入的多少，从而加大了质量管理与质量监督活动对经济的依赖度。某些产品虽然从质量管理与质量监督需求上看是迫切的，从科学技术上论证也是可行的，但往往由于生产和保障的费用过大，超出了经济的承受能力，直接影响质量管理与质量监督活动的程度，而不得不放弃或暂缓其发展计划。另一方面，市场影响组织经济实力，从而直接或间接地影响质量管理与质量监督活动。市场的发展和完善，既为质量管理与质量监督提供了广泛而相对低廉的物质与技术资源，又为质量管理与质量监督活动提供了更坚实的基础。这些因素，既直接影响着质量管理与质量监督能力与需求的关系，也必然导致传统的质量管理与质量监督活动发生根本性的变化。

质量管理与质量监督活动依赖科技水平与经济实力的规律，充分说明质量管理与质量监督系统的运行与科学技术、经济等外部环境有着不可分割的联系。外部环境制约质量管理与质量监督活动质量和效率主要表现在：一方面质量管理与质量监督活动对环境具有依赖性，另一方面外部环境对质量管理与质量监督活动具有导向作用。质量管理与质量监督活动对外部环境的适应性关键在于质量管理与质量监督系统内部本身。只有积极、主动地通过系统内部组成要素的有序组织及优化完善，能够及时、高效、匹配地建立质量管理与质量监督组织，才能使质量管理与质量监督活动与环境协调发展。

4.4.4 质量管理与质量监督的成效主要取决于组织系统结构和诸要素整体功能的发挥

质量管理与质量监督系统的结构是质量管理与质量监督系统各部分在一定时间和空间内排列与组合的形式，是质量管理与质量监督系统诸要素之间、要素与系统之间相互作用和联系的反映。质量管理与质量监督系统的结构决定了质量管理与质量监督系统的功能。成效是质量管理与质量监督系统达到的目标效果，质量管理与质量监督的成效如何，关键在于其系统整体功能的发挥。成效与整体功能是质量管理与质量监督系统的两个方面，整体功能发挥的程度不同，就会产生不同的效果。这一规律是普通的系统论原理在质量管理与质量监督理论上的具体反映，它揭示了质量管理与质量监督成效对组织系统的依赖关系。

1. 质量管理与质量监督系统结构从宏观上表现为横向的单位结构和纵向的层次结构

所谓质量管理与质量监督系统横向的单位结构，是指在同一级由各种专业质量管理与质量监督力量及其行动构成的单位数量。按照质量管理与质量监督专业区分，可将质量管理与质量监督力量区分为三种类型：一是质量管理与质量监督设备(设施)；二是具有质量管理与质量监督专业技能的人才队伍；三是具有能够良好运转的保障资源和制度。一方面，对于某一种质量管理与质量监督模式自身来说，越是按照专业技术的要求设置质量管理与质量监督结构，组织、协调和控制就越简单，质量管理与质量监督人才和保障设施建设就越容易，技术标准和要求就越易实现，于是单一产品的效益就越高，这是形成质量管理与质量监督成效的基础。另一方面，对于综合性产品体系，特别是集团化生产需求来说，要求各个质量管理与质量监督单位都要具备对各种产品实施管理与监督的功能。因此，衡量质量管理与质量监督成效的对象已不是某一种手段，而是质量管理与质量监督体系的整体效能。这就要求在单位结构上，根据组织结构，按照时间、空间要求，使各专业质量管理与质量监督机构和各项保障行动，相互协调，合理确定质量管理与质量监督内容和手段，形成既专业又综合的质量管理与质量监督单位结构。

所谓质量管理与质量监督系统纵向的层次结构，是指在组织结构中自上而下贯穿于各层次、各级的质量管理与质量监督组织机构。其根据层次可分为高层、中层、一线质量管理与质量监督；根据级别可分为监事会、经理、质量工程师等质量管理与质量监督群体。质量管理与质量监督层次结构的主要特征为：在质量管理与质量监督过程中主要区分管理和实施与控制的"环节"，即指导和操作的节点与相互关系；在质量管理与质量监督的权限上主要依据管理与监督的"能级"区分层次结构，即质量管理与质量监督标准由低到高、范围由小到大，上级质量管理与质量监督机构的管理和监督能力涵盖下级，但不论多少个下级质量管理与质量监督机构都难以完成上级的质量管理与质量监督任务。质量管理与质量监督目标处于最高层次，它是质量管理与质量监督机构的"源头与依托"，这决定了质量管理与质量监督目标"牵一发动全身"。因此，质量管理与质量监督系统只有实现其诸要素的最佳层次结构，才能有效地发挥其整体功能。一方面，质量管理与质量监督层次过多，就会增加质量管理与质量监督环节和程序，从而造成质量管理与质量监督资源重叠增多，影响质量管理与质量监督的有效性，甚至产生拖延进度的恶劣后果。另一方面，质量管理与质量监督层次过少，可提高质量管理与质量监督效率，减少质量管理与质量监督资源的重叠浪费，同时势必增加同一层次上的质量管理与质量监督任务量，使质量管理与质量监督系统的脆弱性增大，易造成质量管理与质量监督的中断，还可能会因某一环节的质量管理与质量监督不力而影响产品质量。

2. 质量管理与质量监督系统的单位结构和层次结构存在着相互影响关系

在质量管理与质量监督对象和任务一定的情况下，减少质量管理与质量监督层次就要增大质量管理与质量监督单位的能力，减小质量管理与质量监督单位的能力就要增加质量管理与质量监督层次。就某一种产品和组织体系来说，究竟建立什么样的质量管理与质量监督体制，确定几级质量管理与质量监督层次，要从实际出发，根据质量管理与质量监督诸要素的功能和发挥程度、质量管理与质量监督对象的需求紧迫程度及任务量等灵活选择和确定。

当前，随着高新技术产品信息化水平的不断提高，尤其是先进质量管理与质量监督技术的快速发展，大量的检测诊断工作由产品生产系统自身来完成，在线自我检测日益普及，因此传统的独立质量管理与质量监督正向融合的、与产品生产并存的方向转变。尤其需要指出的是，质量管理与质量监督对象的物质性和技术性决定质量管理与质量监督单位只需拥有技术人员、技术设备和检测器材，就能大幅降低残次的产品出现的概率，这又为质量管理与质量监督力量实施质量品牌战略提供了条件。

3. 质量管理与质量监督信息成为质量管理与质量监督系统的首位要素

质量管理与质量监督信息是质量管理与质量监督指挥和行动的必要条件，在质量管理与质量监督系统中的地位作用日益提高，已成为其他要素的"黏合剂"和"倍增器"。质量管理与质量监督信息既包括质量管理与质量监督系统自身所产生的信息，也包括由外部系统产生的且与质量管理与质量监督相关的外部信息。一方面，质量管理与质量监督信息贯穿于产品生产的全过程，它是质量管理与质量监督指挥和组织实施的依据，也是提高质量管理与质量监督系统成效的关键环节，如果缺乏对质量管理与质量监督信息的必要掌握和了解，质量管理与质量监督指挥和保障行动就失去了作用和意义。另一方面，质量管理与质量监督信息已成为质量管理与质量监督的基本要素，可以将各种质量管理与质量监督要素有机"黏合"并形成系统，运用"信息流"减少"检测流"，缩减质量管理与质量监督单位规模，提高质量管理与质量监督成效，实现"精确监测"。及时、准确地掌握和利用质量管理与质量监督信息，可以使有限的资源得到充分的利用。质量管理与质量监督信息的可靠性和有效性已成为制约质量管理与质量监督能力，甚至成为影响质量管理与质量监督成效的直接因素。

质量管理与质量监督成效对质量管理与质量监督系统诸要素又具有反作用，而这种反作用又对质量管理与质量监督诸要素行动提出了新的要求，由此可见，要使质量管理与质量监督系统的功能得到充分发挥，就必须从系统整体观念出发，认真分析研究各要素之间、各结构层次之间、系统整体与各子系统之间、质量管理与质量监督系统和外部环境之间的相互联系，并在此基础上使之实现最佳的排列组合，从而使质量管理与质量监督系统的整体功能大于诸要素或各子系统功能之和，以获取最大的保障成效。

4.4.5 质量管理与质量监督主观指导必须适应质量管理与质量监督的客观实际

物质决定意识，质量管理与质量监督主观指导适应客观实际，这是最基本的客观要求。在质量管理与质量监督实践活动中，质量管理与质量监督的组织领导者制定的质量管理与质量监督活动的决策、体制、方案和计划必须符合质量管理与质量监督对象及质量管理与质量监督自身的现实情况。这一规律揭示的是质量管理与质量监督知与行、意识与存在的统一。

1. 质量管理与质量监督客观实际决定质量管理与质量监督主观指导

(1) 质量管理与质量监督对象的需求、自身的能力、组织可能提供的支援等情况都是质量管理与质量监督组织领导者指导质量管理与质量监督实践和实施质量管理与质量监督活动的决策依据，并决定着其行动方向。

(2) 质量管理与质量监督作为一个复杂的矛盾集合体，必然处于经常的发展变化之中。人们的认识要不断适应质量管理与质量监督的新情况，善于根据不同的产品对象、不同的产品阶段、不同环境条件的发展变化，特别是新的组织结构形态，不断研究质量管理与质量监督建设中所遇到的新情况，及时解决新问题，科学地提出与客观任务和环境相适应的质量管理与质量监督策略、体制、力量编制体制、方式等。这正是质量管理与质量监督不断运动和发展的内在动力。

2. 质量管理与质量监督主观指导对客观实际具有能动作用

(1) 质量管理与质量监督的组织领导者通过对和质量管理与质量监督有关因素的了解和掌握，运用积极主动的思想及行动调控、组合和运用各种质量管理与质量监督要素，使其最大限度地发挥质量管理与质量监督效能。质量管理与质量监督主观指导要与客观实际相符合，关键是要发挥主观指导的能动作用。质量管理与质量监督人员特别是一线监测人员需要对客观实际亲知、真知和深知，准确掌握质量管理与质量监督能力，正确预测组织与产品的需求，全面评估资源，科学判断质量管理与质量监督发展趋势，知彼知己，为实施有效的质量管理与质量监督指导奠定坚实的基础。

(2) 人们需要科学总结质量管理与质量监督客观实际情况，找出共性的规律和问题，以先进理论为指导，与主观意识相结合，提出解决问题的具体办法和对策。无论在何种情况下，正确的质量管理与质量监督指导思想都有可能将历史挑战变为机遇，而质量管理与质量监督指导原则的失误，则可能将机遇变为挑战。在我国实业发展过程中，一度片面的追求产品规模，大量仿制和盗版虽然在一定时期取得了短期利益，但最终都因没有过硬的产品质量而湮没在发展的洪流之中。

(3) 人们认识质量管理与质量监督客观实际的根本目的是为了对其进行不断的调整和改革，以创造出与组织需求相适应的质量管理与质量监督能力，不断缩小需求与能力的差距。比如，无损检测技术的产生就是在对产品发展趋势和用户需求的准确把握和与产品应用实际有机结合的基础上对原有破坏性检测进行改造的结果，这必将推动质量管理与质量监督的建设与发展。

3. 质量管理与质量监督主观指导适应实际是一个动态的发展过程

质量管理与质量监督客观实际是一个不间断的、逐步发展的动态过程。质量管理与质量监督主观指导如果仅停留在对质量管理与质量监督客观实际某一阶段、某一运动层面的静态认识上，故步自封，跟不上客观实际的发展变化，就会犯主观主义错误。质量管理与质量监督主观指导者只有不断深入实际，树立动态和发展的观念，不间断地发现新事物和研究新情况，才能使主观指导不断与客观实际相符合，才能及时提出解决新问题的新办法，才能促使质量管理与质量监督工作不断地向有利方向转化和不断地由低级阶段向高级阶段发展。就当前质量管理与质量监督来说，主观指导的重要任务是针对市场和信息化的新形势，从观念、体制、组织结构和模式等方面不断探索新对策和新方法。比如，结合国家品牌振兴战略，建立"融合型"的质量管理与质量监督体制，组建精干、机动的质量管理与质量监督机构，走全员共管之路，充分发挥组织成员主体意识，建立和完善质量管理与质量监督的评价、监督、优化"三个手段"，以适应市场经济的挑战；科学制定质量管理与质量监督发展战略，在组织经济实力有限的情况下，科学管理，走出一条投入较少、效益较高的质量管理与质量监督建设之路，等等，使主观指导不断适应客观实际发展变化的需要。

　　总之，质量管理与质量监督主要规律都是围绕"需求"与"制约"的矛盾展开的，但由于矛盾所处的地位不同，因而所发挥的作用也各有差异。质量管理与质量监督能力取决于组织与用户双重需求的规律，揭示了矛盾的本质和发展的方向；质量管理与质量监督组织形式和内容适应产品发展的规律，揭示了矛盾来源和解决的根本途径；质量管理与质量监督活动依赖科学技术和经济实力的规律，揭示了在现有条件下解决矛盾的有效手段；质量管理与质量监督的成效主要取决于质量管理与质量监督系统的结构和诸要素整体功能发挥的规律，揭示了质量管理与质量监督系统与诸要素的特有属性；质量管理与质量监督主观指导适应客观实际的规律，揭示了用主观能动原理解决矛盾的基本方法。这些规律围绕"需求"与"制约"的矛盾，构成了矛盾运动的全过程，揭示了矛盾内在、本质和必然的联系，为把握和解决这一矛盾指明了道路。

第五章 质量管理与质量监督的思想和原则

自 20 世纪 60 年代以来,菲根堡姆的全面质量管理概念逐步被世界各国所接受。世界各国逐渐认识并推行现代质量管理与质量监督制度,并逐渐形成一个国际化的质量管理与质量监督体系。我国自 1978 年推行全面质量管理以来,在实践上和理论上,质量管理与质量监督都发展得很快,逐渐形成了具有中国特色的质量管理与质量监督体系。无论是国外还是国内的质量管理与质量监督,其基本思想和原则基本趋同。

5.1 质量管理与质量监督的思想

现代质量管理与质量监督理论可以认为是从美国开始发展起来的,并在日本得到充分的实践。质量管理与质量监督经过几十年的理论研究和实践,已经有一套比较完整的理论、技术和方法(质量管理学)。当前,世界各国的质量管理与质量监督理论基本上是在此基础上发展起来的。由于各国在社会、经济、政治、民族、文化及科学技术发展水平等方面存在着差异,因此在具体运用上又各有特点,但在管理与监督思想上具有共识。现代质量管理主要以全面质量管理为主要的管理方法。全面质量管理的主体思想主要体现在以下几个方面。

5.1.1 共同的思想基础

1. 质量第一的观点

"质量"的定义由两个层次构成：第一层次是产品必须满足规定或潜在需要；第二层次是在第一层次成立的前提下，质量是产品特征和特性的总和。产品质量的好坏，关系到企业的生存和发展，关系到品牌振兴战略的实施，关系到人民生活状态，乃至关系到国民经济的全局。因此，必须树立"质量第一"的思想，认真贯彻"质量第一"的方针。但并不是说质量越高越好，"质量第一"要与数量、成本、交货期联系起来综合考虑。如果只追求质量，不管数量、成本和交货期(数量很少、成本很高、交货不及时)，则质量再高也是没有意义的。推行全面质量管理，废品、返修品、次品减少，效率提高，不仅有了数量，而且降低了成本，这样才能满足用户的需要。

质量直接影响产品的使用体验以及维护费用。产品的使用、维护费用在全寿命过程中占比较高。高效的质量管理与质量监督能够极大提高产品的可靠性，降低产品故障率，提升用户对产品的满意度，增加产品的品牌价值，加大产品的用户黏性，提高企业的综合效益。在军事装备领域，考虑到装备使用质量和保障为战备定量化提供依据，因此装备质量包括可靠性、维修性与可用性。可靠性概念与质量概念基本一致。维修性是指装备在规定的条件下和规定的时间内，按规定的程度和方法进行维修时保持或恢复到规定状态的能力。可用性是指在任一随机时刻需要开始执行任务时装备能处于可操作和可战斗状态的程度，即在整个寿命周期内处于完好可用状态的时间比例。由于它是对装备可靠性和维修性的具体补充，是战备定量化的重要指标，影响装备的整体作战效能和操作人员生命安全，因此必须置于至关重要的位置。

2．服务用户思想

企业生产产品，进行质量管理，一切都是为了满足用户的需求，尤其是要满足用户对产品质量的需求。因此，全面质量管理中"用户至上"的思想是十分重要的指导思想。"用户至上"就是树立以用户为中心，产品质量和服务质量全面满足用户需求。产品质量的好坏最终以用户的满意程度为标准。为了使这一指导思想有效地贯彻落实，满足用户需求，对产品性能进行定量描述的质量功能配置方法在工业发达国家得到了应用，并获得巨大的经济效益和社会效益。质量功能配置体现了开发产品应以市场为导向，以用户的需求为唯一依据的指导思想。把产品的性能(功能)放在产品开发的中心地位，对产品性能进行定量描述、实现对功能的量化评价是根据用户需求开发"高质量、低成本、短周期、适销对路"产品的有效手段。

服务用户是从"为用户服务"这一个词演变而来的。企业用户有两层含义：一是企业内部下道工序就是上道工序的"用户"，上道工序要为下道工序服务；二是企业产品的使用者或使用单位就是企业的"用户"，企业要为他们服务。随着全面质量管理的深入发展，用户是第一位的，企业是第二位的，服务成为企业与用户之间的关系。在市场机制中，用户在买不买你的产品这一点上具有决定权，这个权力可以主宰企业的生死存亡。因此，目前世界上称"用户是神仙""用户是上帝"等。"服务用户"的思想主要有以下几个方面的内涵。

(1) 从用户需要出发建立质量概念。质量要求、质量标准的客观来源是用户的需要，企业与组织应该自觉地把满足用户需要作为生产、服务的最高目标。

(2) 以用户为中心建立质量体系，以明确用户需要作为质量管理的出发点，以满足用户需要作为质量管理的归宿。

(3) 重视已到达用户手中的产品质量，为用户广泛发展的售后服务工作。要真正实现"服务用户"的要求，就需要负责到底，以及时、方便、周到、优良的技术服务消除使用中的产品的故障，充分发挥产品功能，创造出最大限度的使用价值，真正满足用户需要，同时把产品质量信息反馈回生产单位，进行改进。"用户第一"方针要求生产企业要树立明确的服务观念，把必要的售后服务力量和服务网点看作是企业的必要组成部分，把长期供应零配件看作是企业应尽的义务。

(4) 为满足用户、市场需要而生产是经营型企业的基本标志。这不仅是质量管理的方针，也是企业的根本方针，更是经营型企业与生产型企业的区别所在。

(5) 符合现代贸易发展的客观要求。商品的大量生产，必然要求以大量销售为前提。产品物美价廉，技术服务良好，用户竞相选购，贸易持续发展，生产必然上升。所以着眼扩大用户，开拓市场，是发展贸易的客观要求。

(6) 是对商业从业人员要求的最好概括。对商业、服务行业从业人员的基本要求主要是服务态度和遵守商业道德等，其核心是要想到用户和尊重用户。

3. 质量全过程形成思想

无论是质量管理还是质量监督，一般都是按照体系化实施的。GB/T10300 标准系列阐述了质量体系的一套标准。质量管理与质量监督体系包含若干个可以互相区别的要素，是以一定的结构和层次互相联系、互相作用而构成的具有特定功能的有机整体。质量管理与质量监督体系是指为了实施质量管理而由组织结构、职责、程序、过程和资源构成的有机整体，它与社会、市场和企业有着密切的联系，处于一定的环境之中，形成了一个相互衔接的产品生产与质量生成链条。

产品质量是经过市场调查、计划设计(包括试制)把质量规定下来，再经过制造、装配把规定的质量实现。产品质量需要通过设计体现，通过原材料、设备、工艺和加工实现，还需要各种服务保证，与产品生命周期的全部阶段有关。企业产品没有经过检查、试验，就无法判断设计所体现的产品质量是否被制造实现，也就无法判断制造是否实现了产品质量和是否由服务保证了它的表现。"产品质量形成于生产全过程"是强调产品质量归根结底是由前、后方的生产者实现的。因此好的设计才有好的制造，好的检查才能够正确判断制造的好坏，但无法改变已有的制造结果。虽然好的监督检查能对制造起反馈作用，但是还需要制造改进质量。因此，产品质量的来源从概念阶段开始，贯穿设计、生产(制造)、检验和使用的各个阶段。

4．质量可控思想

质量可控思想是实施质量管理的基础，其主要包含质量波动性、质量可检性和质量定量化三个方面的基本观点。

质量波动性是实施质量管理的重要依据。工程师发现，质量在设计、制造和使用过程中具有波动的规律，其正常波动符合数理统计学上的正态分布规律，因而其废品的产生也是有规律的。人们可以在生产实践中认识质量波动规律，掌握质量波动规律，运用质量波动规律，并采取相应的措施把废品的生产控制在适当的范围之内。如把机械产品的废品率控制在千分之三范围之内、国外把电视机等电子产品的废品率控制在百万分之一范围内等。

质量可检性在全面质量管理阶段逐渐加强并重视生产主体的作用，强化了自检的作用，从而体高了质量管理与质量监督效率。质量管理与质量监督是广泛参与的管理，必须个个动手，人人负责。质量管理和监督要有广泛的群众基础，只有充分发挥广大群众的积极性和创造性，相信广大群众的聪明才智，才能搞好质量。因此，在自检、互检、专检和抽检活动中要建立以自检为主、抽检为辅的观点。

质量定量化是实施全面质量管理的重要保证。质量管理与质量监督根据事实做出判断并采取行动。数据就是客观反映事实的资料、数字。如不良品数、缺陷数、废品数、差错数、障碍数等都是数据。数据要有正确的记录和统计，没有扎实的、细致的数字收集和整理，就无法应用数理统计方法和其他综合性管理与监督方法，也就没有科学的质量管理与质量监督。"估计""大概""可能""差不多"等笼统含糊的说法是质量管理所不容许的。好与差到什么程度都要用数据来说明，不能模棱两可。因此，在进行质量分析时，需要有准确的数据。只有有了准确的数据，才能把握现状，分析、改进和调整管理与生产过程中的问题，把产品废品率控制在一定范围之内。"一切按数据说话"，就是按客观规律办事，按科学办事，它体现了现代质量管理与质量监督的科学性。

5．预防为主思想

产品质量形成的过程表明，优异质量的产品是设计和加工制造出来的，而不是检验出来的。因此，现代质量管理与质量监督的观点之一就是把质量管理与质量监督工作的重点从"事后把关"转移到"事先控制"上来。即实行以预防为主、防检结合、重在提高的方针，把质量缺陷消灭在萌芽状态，做到防患于未然。现代质量管理与质量监督要求要事先采用保证和控制产品质量的有效措施，把设计、工艺、设备、人员、材料、生产、技术、组织、环境等可能造成质量问题的因素完全控制在管理与监督系统之中，及时准确地预防和探索发生不良品的原因，找出发生不良品的潜在因素，制定防止措施，消除质量隐患，形成一个稳定的企业质量保证系统，以保证和提高产品质量。

传统的质量管理是以检验为主的管理，它本身带有很大的局限性。随着国防科研生产的发展，产品的技术水平不断提高，复杂程度不断增加，传统的质量管理与质量监督和其不相适应的矛盾日益尖锐起来。客观形势的发展和新的战略方针的贯彻迫切要求我们要确立预防为主的思想，把质量管理与质量监督从事后检验为主转到事先预防为主的轨道上来，实行预防与把关相结合。现代质量管理与质量监督的一套科学方法和手段为把预防为主的思想变为现实提供了极大可能，因此我们应当深入研究，从实际出发积极采用。

进入 20 世纪 90 年代以来，新的生产模式，包括适时生产(JIT)、精良生产(Clean Production)，敏捷制造(Agile Manufacturing)等对事先控制提出了更高的要求。在产品的生产阶段，除了统计过程控制(SAC)外，新的基于计算机的预报、诊断及控制技术受到越来越广泛的重视，使生产过程的预防性质量管理与质量监督更为有效。同时，80%的产品质量问题是在产品设计阶段发生的。因此预防性质量管理与质量监督在设计阶段显得更为重要。在产品设计阶段采用故障模式与影响分析(FMEA)和故障树分析(FTA)等方法找出产品薄弱环节加以改进并消除隐患已成为全面质量管理的重要内容。

推行现代质量管理与质量监督是科学技术发展的必然产物。质量管理与质量监督科学的发展不是孤立进行的，而是同其他科学技术的发展紧密联系的。它博采众长，兼收并蓄，广泛应用科学技术新成果和先进的科学管理方法，以实现质量管理与质量监督的科学化和现代化。因为及时、正确的质量信息是企业制定质量政策、确定质量目标和管理与监督措施的依据，质量信息的及时处理和传递也是生产过程质量控制的必要条件，因此信息技术、计算机集成制造的发展为企业实施全面质量管理与质量监督可提供有力的支持。计算机辅助质量信息管理系统(CAQ)及集成质量系统在计算机网络及数据库系统的支持下，不仅可以及时地获得正确的质量信息，有效实现全过程的管理，而且可使企业的全体人员以先进的、高效率的方式参与全面质量管理与质量监督。

5.1.2　差异的思想基础

1．管理思想

1）以人为本管理思想

"以人为本"的管理是指在管理过程中要以人为管理工作的出发点和中心，围绕激发和调动人的积极性、主动性和创造性展开工作，是马克思主义关于人的思想的本质体现。它强调对人性的理解，树立以人为中心的管理理念，以实现人的全面发展为目标，从而理解人、尊重人、解放人、依靠人、关心人、培养人和教育人。同时坚持"可持续"的发展观，重视人的需求，鼓励以人为主旨，以培养为前提，以人为管理和工作的中心。

坚持以人为本的管理理念其核心体现在以下几个方面：

(1) 必备的内在需求，即充分调动管理人员和员工的积极性，以便提高管理和工作水平，从而最大限度地提高效益。

(2) 依靠人是一切工作的前提，发挥整体功能，注重协作和统一。

(3) 尊重人，营造平等和谐的工作氛围。

(4) 爱护和关心员工，创造良好的生活和工作环境。

(5) 引导和教育员工，采用合适的方法和方式来达到激励的目的。

(6) 加强员工必备的业务素质培养，奠定做好本职工作的素质前提。

(7) 理解员工，搭建合适的沟通平台，有助于发挥整体凝聚力和创造性。

(8) 解放人的思想，及时发现问题，解决问题。

以人为本的管理机制主要包含：

(1) 激励机制，包括物质激励和精神激励，需要管理者找准员工真正需求，结合组织目标，准确激励。

(2) 压力机制，包括竞争压力和目标责任压力，使员工具有危机感和奋斗方向，迫使员工努力履行自己的职责。

(3) 约束机制，包括制度规范和伦理道德规范，通过有形和无形的约束使员工知道该做什么。

(4) 保证机制，包括法律保证和社会保障体系，保证员工拥有应享有的基本权力和需求。

(5) 竞争机制，在确保员工有自由选择和交流的权力的同时，保留组织选择和解聘的权力。

(6) 环境机制，包含人际环境、工作环境和社会环境，和谐、友善、融洽的人际关系能够促进工作效率的提高。

2) 科学管理思想

科学管理是指依据事物发展的规律，运用科学的方法和手段所进行的计划、组织、领导和控制活动。科学管理的本质是尊重科学，按照管理活动的客观规律办事。科学管理的核心是以人为本，尊重员工的主体地位和创造精神。科学管理的目标是提高管理效益，向科学管理要成效。

在我国，先辈们伟大的管理实践孕育了极为丰富的管理经验和管理思想。中国传统管理思想的精髓可概括为两个词："顺道""重人"。"顺道"是指管理要顺应客观规律，要讲求科学。《管子》认为自然界和社会都有其自身运动规律，"天不变其常，地不易其则，春夏秋冬，不更其节。"因此，管理活动都有"轨"可循，"不通于轨数而欲为国，不可。"管理活动要有成效，必须顺乎万物之"轨"，万物按自身之"轨"运行，对人毫不讲情面，"万物之于人也，无私近也，无私远也"。"顺道"也称为"守常""守则""循轨"，是中国传统管理活动的重要指导思想。"重人"是中国传统管理思想的另一大要素，主要包括两个方面：一是重人心背向；二是重人才归离。要治理好国家，成就事业，人是第一位的。"重人"的思想是我国历代管理者管理国家时所遵循的重要准则。

西方质量管理思想也不外如此。全面质量管理提出的全员参与管理的理念来源于"质量的恒定比高产出量更重要"。对于流水线操作而言，全员把关同每道工序的工人对有质量问题的产品不理睬而仅靠质检部门拣出不合格产品相比，全员把关的方法会节约大量的劳动力成本和机器损耗成本。这是经过一系列科学的计算得出的一条观念。日本质量管理专家石川馨提出的 QC 小组的概念，也是基于员工参与工作改进更加有利于工作积极性的提高和工作效益的提升的发现而设计的，其中蕴含着对人的重视观念。这也是现代质量管理的一个核心思想。

3) 系统管理思想

系统管理思想是对与产品质量有关的所有环节和联系进行全面、系统研究和综合分析，以求得整体优化。注重"全系统、全寿命、全效益"管理包括：一是研究联系；二是整体优化。全面质量管理要求从宏观、微观、技术、管理、设备、心理、方法、环境等多方面对质量进行考察，要求全员、全过程、全企业开展质量管理，采用各种方法进行综合治理，以取得整体的优化，用最经济的手段，生产出用户满意的产品。现代武器装备的体系性是由多层次的相互关联的许多分系统构成的有机整体，其质量水平是由设计确立的，并通过制造来实现和保证的。研制、生产、使用是一个连续的过程和统一的整体。

质量管理必须贯彻系统管理的思想，首先是对产品研制、生产、使用实施全过程的质量管理。既要分阶段实施，又要相互紧密联系。相互连接的上一个阶段为下一个阶段、前一项工作为后一项工作、上一道工序为下一道工序提供输入和提供满意的质量。产品设计要注重可行性，即可生产性、可检验性，以及使用维护和后勤保障的可能性，并在设计中排除造成质量问题的原因。当质量管理以武器装备为对象时，需要建立与总设计师系统、行政指挥系统相协调的质量保证系统，即厂(所)内的和厂(所)际的质量保证体系，以从原材料、元器件开始到分系统的质量保证措施来保证总体质量。同时，要加强设计图纸、工艺、工装、设备、仪表等的技术状态的管理。对技术状态的任一更改都不是孤立的事件，而必须进行系统的分析，充分论证对相关因素的影响，进行必要的系统试验，履行严格的审批程序，并在执行中验明更改后效。

2. 监督思想

1) 人性的假设

监督的一个重要方面是对人的监督，而对人的监督中的一个实质性问题是对人性的认识。在监督活动中，建立什么样的监督制度，采用什么样的监督方法，建立什么样的监督组织结构，都与人们关于人性的假设有关。"经济人假设"认为：多数人天生是懒惰的，他们都尽可能逃避工作；多数人都没有雄心大志，不愿负任何责任，而心甘情愿接受别人指挥；多数人的目标都是与组织目标相矛盾的，必须用强制、惩罚的方法才能迫使他们为达到组织目标而工作。虽然马斯洛反对"经济人假设"，并提出"自我实现人"的概念，以此来说明人性中理想状态下的积极因素，但无论是"经济人假设"概念，还是"自我实现人"概念，其都是对人性某一方面的刻画。

现实中，人的需求是多种多样的，而且这种需要是随着社会和生活条件的变化而改变的。即使在同一时间段内，需求和动机也各有差异，它们相互综合作用形成错综复杂的动机模式。同时，人在组织中的工作和生活条件是不断变化的，因此，会不断产生新的需要和动机。这些需要和动机与组织的发展目标和宗旨并不一定契合，而且由于人性的复杂导致没有一套适合于任何时代、任何组织和任何个人的普遍行之有效的管理方法，为此需要监督来评价，并以此确保人的活动与组织目标的一致性。

2) 分权制衡思想

监督的本质是制衡，在这一点上，虽然中西方采用的模式不同，但其监督的方式都体现了这一本质特性。在中国封建社会时期，监督思想主要体现为"体制"监督和朴素的民众监督。西方的监督思想则体现为通过制度保证来监督体系。

中国古代完整意义的监督制度产生于秦、汉时期，但我国古代的监督思想最早可以追溯到先秦时代的夏、商、周时代。在夏、商、周时代，统治者已经认识到了对国家各级官吏进行监察的必要性，并开始利用各种手段来实现这个目标。许多官职普遍负有监察职责，且舆论监督相对发达，形成了内外结合的监督模式。周公旦的"人无于水监，当于民监"可看作是中国最早的监督思想，而他关于最高统治者应听取不同意见，接受民众监督的思想使神圣的王权具有了世俗化的色彩，为王权接受自下而上的监督(包括权力系统内部的言谏)做了必要的理论铺垫。

在西方,监督体现为分权制衡思想。西方监督思想是在17至18世纪资产阶级思想家在酝酿和进行资产阶级革命、建立和巩固资本主义制度的过程中逐步形成的。其中,英国洛克提出的三权分立(实际为两权分立)制约思想、法国孟德斯鸠提出的三权分立制衡思想、美国杰斐逊提出的双重分权制约思想,以及美国汉密尔顿提出的有关监督制约思想,集中代表了资产阶级监督思想。分权制衡思想的主要特点是权力部门之间相对独立,又相互监督制约。美国和日本等国家都十分注重从体制建设的角度通过设立相对独立机构、完善法规制度等方式实现相互监督与制约功能。

3) 整体思想

系统科学的整体思想认为,若干部分按照某种方式整合成为一个系统就会产生出整体具有而部分或部分总和没有的东西,如整体的功能等。整体监督思想强调监督环节和节点设计的科学性与合理性,通过点的监督形成整体的宏观准确呈现,而不对整个系统进行全面监督,以避免过渡监督产生的负面效应。系统科学把这种整体才具有、孤立的部分及其总和不具有的特性称为整体涌现性。整体涌现性主要是由它的组成成分按照系统的结构方式相互作用、相互补充、相互制约而激发出来的,即结构效应、组织效应。系统整体与部分或子系统相比有质的提升,新的飞跃。

美军注重监督系统内各要素的相互协调与配合,以发挥监督的整体涌现性。如美国国防部在重视加强内部控制建设的同时,注意监督信息的协调一致性,并在其各个系统实施评估措施。这些评估措施将为所有的过程提供一目了然的记录,便于对监督过程信息的搜集与取证,使国防部的内部控制与监督混为一体，以发挥监督在确保国防部各部门履行适当服务效能的整体涌现性。俄军的监督强调置身于国家监督的大环境中，与外部监督协调行动，发挥监督的整体效能。俄军的事前监督与事后监督也注意发挥整体涌现性。进行事后监督的目的是要查明过程中有无违法乱纪现象和妨碍任务完成的原因，以及了解任务的完成程度，为今后的事前监督工作积累信息和经验资料。两种形式的监督要前后呼应，整体推进。

5.2　质量管理与质量监督的原则

质量管理与质量监督的理念、思想和行为孕育了质量管理与质量监督的实践与发展。我们要研究产品的质量管理和质量监督，就必须了解、熟悉产品质量管理的基本原则和基本规律，以此前瞻其发展的走势与未来和指导质量管理与质量监督实践。

5.2.1　质量管理的原则

下面的 8 项质量管理原则是现代质量管理理论的精华，是质量管理基础。组织的最高管理者可运用这些原则领导组织进行业绩改进，同时也可帮助组织建立质量管理体系，改进过程和完善管理体系，提高组织的技术能力和业绩，使组织和其他相关方受益。

1．以顾客为关注焦点

组织依存于顾客(也称为客户、用户)。因此，组织应当理解顾客当前和未来的需求，满足顾客要求并争取超越顾客的期望。客户是"接收产品的组织或个人"。客户与供方密切相关，供方是提供产品的组织或个人。

没有供方，就没有客户；反之，没有客户，供方也难以存在。客户不仅存在于组织外部，也存在与组织内部。按全面质量管理的观点，"下一道过程"就是"上一道过程"的客户。

"以客户为关注焦点"，其本质是以客户的需求为关注焦点，即组织需要首先明确客户的需求是什么。组织"以客户为关注焦点"，最终会得到客户的回报。这种回报表现在：客户认可组织的产品及产品质量；客户购买组织的产品；客户为组织无偿进行宣传；客户与组织建立稳固的合作关系；客户支持组织开展的有关活动；等等。组织和客户的关系归根结底是平等的，组织和客户在交往中往往是"双赢"。组织落实"以客户为关注焦点"的速度不能慢于竞争对手，其质量不能低于竞争对手，其深度和广度也应尽量高于竞争对手。

2．领导作用

领导是具有一定权力、负责指挥和控制组织或下属的人员。他们应确保组织的目的与方向一致，同时应当创造并保持良好的内部环境，使员工能充分参与实现组织目标的活动。在管理体系中，领导人员具有最重要的地位，其职责和作用主要体现在以下 6 个方面。

（1）领导是质量方针的制定者。如果领导未能解决对质量的认识问题，没有坚定的质量信念，在制定质量方针时未能真正"以客户为关注焦点"，那么质量方针就难以起到真正的作用。

（2）领导是质量职能活动和质量任务的分配者。组织的质量职能活动和质量任务未分配下去，就不可能有人去做、去完成，质量方针也就不可能落实。如果分配质量职能活动和质量任务不恰当，也会造成职责不明确，协调不好，使质量职能和质量任务不能完成。

(3) 领导是资源的分配者。质量管理体系要建立和运行，都应有必要的资源和相关条件，如人员、设施、工作环境、信息、供方和合作关系、自然资源以及财务等资源。资源投入不足或资源本身质量达不到要求，都难以使管理体系取得预期的效果。

(4) 领导的带头作用。对员工来说，领导的一言一行都是典范。如果领导不遵守规章制度，不按程序办事，不注重自己的工作质量，就会影响一大片员工，结果规章制度就会形同虚设，程序就会混乱，工作质量就会下降。

(5) 领导在关键时候的决策作用。组织的管理体系在运行时难免不了要发生种种矛盾和分歧。例如，发生质量与数量、进度的分歧时，往往需要领导决策。如果领导不按既定的质量方针处理，牺牲质量以求数量或进度，很可能造成严重后果。

(6) 领导承担着对管理体系进行持续改进的责任。持续提高质量管理水平只能靠持续不断的改进，而改进质量管理体系是领导的重要职责。

3．全员参与

各级人员都是组织之本，唯有其充分参与，才能使每一个人员为组织的利益发挥其才干。全面质量管理(TQM)有三个本质特征：一是全员参加的质量管理；二是全过程的质量管理，三是全组织的质量管理。全员参与既是 TQM 的一个特点，更是其一个优点。只有充分发挥这个优点，才可能真正取得成效。试验单位质量管理活动是否有效取决于各层次人员参与程度以及取决于各级人员的意识、能力和主动精神。全员参与的核心是调动人的积极性，全员参与的关键是激励。只有员工的才干都得到充分发挥并能实现创新和持续改进，组织才能获得最大效益。全员参与对组织的作用有以下几点：

(1) 员工参与质量管理和关心产品质量可以大大降低质量损失，从而使组织获益。

(2) 员工参与质量改进是一种少投入多产出的活动，组织可从质量改进中获得极大的效益，这是其他方法难以达到的。

(3) 员工参与组织的各项管理活动可以使他们与组织联系更加紧密，对组织产生认同感，从而热爱组织，使组织内部更加团结。

(4) 员工充分参与，使组织内部形成一种良好的人际关系和组织文化，可以大大减少员工之间、管理人员和员工之间的冲突或矛盾，使组织内部融洽亲密。

(5) 员工充分参与可以极大地鼓励士气，使人人都争先创优做贡献，从而使组织的各项工作都得以顺利完成。

4. 过程方法

产品是"过程的结果"，程序是"为进行某项活动所规定的途径"，任何将所接收的输入转化为输出的活动都可视为过程。过程输入和输出的都是产品，因此过程(活动)需要使用资源。资源可以包括人员、设施、工作环境和信息等。过程有大有小，大过程中包含若干个小过程，若干个小过程则组成一个大过程，这个大过程又可能是另一个更大过程的组成部分。过程具有分合性。任何一个过程都可以分为若干个更小的过程；而若干个性质相似的过程又可以组成一个大过程。通常，一个过程的输出会直接成为下一个过程的输入，形成过程链。

从组织来看，这种过程链既存在横向形式(例如从原材料进厂到产品出厂)，又存在纵向形式(从组织的最高管理者到员工)，还存在其他各种形式(例如从科室到车间，然后又到科室)。事实上，组织的所有过程通常不是一个简单的按顺序排列的结构，而是一个相当复杂的过程网络。过程方法实际上是对过程网络的一种管理办法，它要求组织系统地识别并管理所采用的过程以及过程的相互作用。GB/T19000 系列标准实际上就是运用过程方法进行质量管理的一种标准模式。这种方法要求：

(1) 对现有的过程进行定义和分辨。过程的分合应视具体情况而定。例如流水线上的作业过程可以分解到每个员工所干的工作为止。对现有的过程的定义和分辨也是这样。

(2) 强调主要过程。组织的过程网络错综复杂，质量管理对主要过程应重点控制不能放松。例如：对检验过程就应加强，对关键过程就应确定质量管理点等。

(3) 简化过程。过程越复杂，越容易出问题，应根据实际情况对一些过程进行简化。所谓简化，一方面将过于复杂的过程分解为较为简单的子过程，另一方面将不必要的过程取消或合并。

(4) 按优先次序排列过程。由于过程的重要程度不同，管理中应按其重要程度进行排列，将资源尽量用于重要过程。

(5) 制定并执行过程的程序。要使过程的输出满足规定的质量要求，应制定并执行相应程序。没有程序，过程就会混乱，不是使过程未能完成(例如漏装)，就是使过程输出出现问题(例如错装)。

(6) 严格职责。任何过程都需要人去控制才能完成。因此，应有严格的职责，确保人力资源投入。

(7) 关注接口。过程和过程之间的接口是很重要的。如果上一个过程的输出和下一个过程的输入在接口处不相容或不协调，就会出问题。过程方法特别强调接口处的管理。

(8) 进行控制。过程一旦确定并运转，就应进行控制，防止其出现异常。控制时要注意过程的信息，当信息反映有异常倾向时应立即采取措施，使其恢复正常。

(9) 改进过程。通过对过程测量和分析，发现过程存在的不足或缺陷以及可以改进的机会，并对过程进行改进，提高其效益或效率。这是质量改进的基本手段。

(10) 领导要不断改进工作过程。领导的工作也是一种或一类过程。领导对工作过程的改进可能对组织业绩影响更大。

5. 管理系统方法

管理系统方法也可以称为管理体系方法。系统(体系)的特点之一就是通过各分系统(过程)协同作用，互相促进，使总体作用大于各分系统作用之和。系统方法实际上包括系统分析、系统工程、系统管理三个环节，即从分析客观事实和数据资料入手确定优化目标，然后通过系统工程，制定为实现目标而应采取的措施和步骤及资源配置计划，并形成完整方案，最后通过系统管理而取得运行结果的有效性和高效率。在管理体系中采用系统方法，就是把管理体系作为一个大系统对组成体系的各个过程加以识别、理解和管理。系统方法和过程方法关系非常密切。一组相互关联的过程有机结合构成一个系统，同时一个过程也可能就是一个系统。系统方法着眼于整个系统和总目标的实现，使组织管理体系中所策划的过程相互协调和相容，而过程着眼于具体一个过程，对其相互关联的活动进行连续控制，以实现每个过程预期的结果。

管理体系方法的基本原则有：

(1) 对系统提出要求。

(2) 根据要求涉及系统。

(3) 把系统内的所有要素与系统结合起来。

(4) 优化系统的机构。

(5) 对系统进行评价。

(6) 对系统进行改进。

(7) 追求系统的整体最大功效，而不仅仅是追求其中某一要素的最大功效。

(8) 关注系统中的相互关联的过程。

(9) 使系统开放，不断接收外界的信息和资源，保持系统的持续运行。

(10) 充分利用控制论、信息论的方法使系统满足目标的要求。

6. 持续改进

持续改进总体业绩应当是组织的永恒目标。持续的质量改进是 TQM 的核心内容之一，组织应不断改进其报告和证书的质量，以及管理体系及过程有效性和效率，以满足客户不断增长和日益变化的需求和期望。持续改进不是预防问题发生，而是在现有水平上不断提高服务质量、过程和体系的有效性，使体系更加充分和更加完善。持续改进是通过贯彻方针目标，利用内审、数据分析、纠正和预防措施以及管理评审等手段加以促进。管理者要对持续改进做出承诺，要创造全体员工积极参与者的大环境，全体员工(包括管理者)要在各自岗位上积极抓住改进的机会。

持续改进要遵从下述原则：

(1) 持续改进的根本目的是满足内部和外部客户的需要。

(2) 持续改进是针对过程进行的。

(3) 持续改进是一种措施(纠正措施、预防措施或创新措施)。

(4) 持续改进是为了提高过程的效率或效果。

(5) 持续改进是一个持续的、不间断的过程。

(6) 持续改进是本组织全体人员包括各级管理层都应参与的活动。

(7) 根据改进对象，持续改进可以在不同的层次、范围、阶段、时间和人员之中进行。

(8) 应不断寻求改进机会，而不是等出现问题再去抓机会。

(9) 持续改进是最高管理者的职责。

(10) 持续改进应建立在数据分析的基础上。

7．基于事实的决策方法

有效的决策建立在数据和信息分析的基础上。领导的主要工作就是决策。所谓决策，就是针对目标，在一定约束条件下从诸多方案中选出最佳方案。实际上就是面对几种方案，决定采取哪一种方案的行为。决策是组织各级领导的职责，决策方法实际上是对方案反映事实真相的把握方法。TQM 是从统计质量管理发展而来的，它要求尊重客观事实，尽量用数据说话。真实的数据既可以定性反映客观事实，又可以定量描述客观事实，给人以清晰明确的数量概念。这样就可以更好地分析问题、解决问题，纠正那种凭感觉、靠经验、"拍脑袋"的工作方法。基于事实就是在确定数据和信息真实性基础上，对数据和信息进行有效的整理分析，从中得到适用信息作为决策的基础。要用事实和数据说话，在管理中就应当做好以下几点。

(1) 加强信息管理。信息是组织知识积累方面持续发展的基础资源，并能激励人们进行创新。信息对以事实为依据做出决策是必不可少的。组织要对信息进行有效管理，首先要识别组织对信息的需求，其次要确定信息(包括内部和外部)的来源，然后要获得足够的信息，并加以充分利用，以满足组织管理和决策的需要。

(2) 灵活运用统计技术。统计技术可以测量、表述、分析和说明组织管理的业绩与产品质量发生的变差，也能够使组织更好地理解变差的性质、程度和原因，从而有助于解决、甚至防止由变差引起的问题，并促进问题持续改进。

(3) 加强质量记录的管理。质量记录是质量活动和产品质量的反映，是信息和数据的来源。质量记录最主要的作用是为领导决策提供信息和数据。不做记录，信息就可能遗失或偏误，数据就不能收集，因而也就难以进行统计。加强质量记录的管理，既包含要设立质量记录和准确及时记录质量记录，也包含要充分利用质量记录。

8．互利的供方关系

组织与供方相互依存，互利的关系可增强双方创造价值的能力。新版 GB/T 19004—2011 提升了供方的地位，要求组织与供方建立"互利"的关系，将"和供方合作关系"作为组织的一种"资源"，要求组织进行"资源管理"，并且还把供方的互利关系作为质量管理八大原则之一。组织与供方的互利关系主要体现在以下几个方面。

(1) 供方是组织的"受益者"之一。在组织业绩的五大"受益者"之中，供方占一席之地。

(2) 供方是组织的"资源"。任何组织都需要"采购产品"，或多或少都需要供方，而供方则为组织提供所需的各种"资源"。

(3) 供方的业绩影响组织的业绩。供方的产品质量影响组织的产品质量，这不言而喻。供方的管理体系运行如何，很大程度上决定了组织的产品质量是否稳定和是否能够满足要求。因此，组织对供方管理体系有指导和监督的义务。

(4) 双方的合作可以更好地满足顾客和其他相关方的需要。组织将顾客和其他相关方的要求清楚地传达给供方，供方通过组织去满足这些要求，这可以使组织和供方有共同的目标。

(5) 组织与供方之间是双赢的。组织可以从与供方的合作中获得多种效益，供方也可以从与组织的合作中获得多种效益。

在 ISO 9000 系列标准 2015 年版的制定过程中引入了质量管理的 7 项原则：

(1) 以顾客为关注焦点。

(2) 领导作用。

(3) 员工担当和胜利能力。

(4) 过程方法。

(5) 改进。

(6) 基于证据的决策方法。

(7) 关系管理。

国际上现将这 7 项原则作为标准制定的基础。ISO 和 IAF 的联合工作组就是 ISO 9000 标准向 2015 年版的过渡，对认证注册/机构的审核员以及其他与认证/注册工作相关的人员提出了掌握和理解新知识的要求，其中包括了对质量管理原则的理解。

5.2.2　质量监督的原则

质量监督的原则是实施质量监督活动中必须遵循的准则。它是由质量监督的性质决定的，并反映了质量监督的客观规律。遵循质量监督原则，监督活动才能健康、有序地进行；违背这些原则，监督活动就可能出偏差。因此，加强质量监督应重点坚持以下 7 个原则。

1. 客观性原则

所谓客观性原则，就是要求任何监督主体和监督行为在实施监督过程中都必须始终坚持一切从客观实际出发，按照被监督对象、被监督行为、被监督过程本身的要求办事，并在此基础上对被监督对象及其行为做出客观的分析、评价、判断并进行实事求是的监督。客观性原则要求监督者在实施监督时，一定要从实际出发，遵循监督活动发展的客观规律，做到主观与客观相统一，实事求是处理各种情况。监督过程的立足点正确与否、监督行为是否以客观事实为出发点决定着监督全过程的方向，以及决定着监督行为是否正确和有效。只有坚持质量监督的客观性原则，才能保证监督做到"不错判任何一个环节，不漏过任何一个隐患"，从而达到监督的目的；只有坚持质量监督的客观性原则，才能防止监督者滥用监督权力，造成另一层意义上的权力腐败现象的发生。

2．独立性原则

所谓独立性原则，就是监督主体必须具有相应的独立地位，使其实行监督活动时不受到外界的干扰。监督主体必须能够自主地掌握、行使监督权以完成监督任务。实施监督应具备以下4个条件：

(1) 监督必须是地位平等的权力主体之间的监督，相互之间没有隶属关系。

(2) 监督主体在监督活动中必须具有相对独立性(即不得无故被罢免、调动，有权拒绝上级的所谓"指示"等)。

(3) 监督必须是相对独立的权力主体之间的监督。

(4) 权力监督必须以授权和政策制度为基础。由此来看，如果监督主体的监督权依赖于或受制于监督客体，或弱于被监督权，那么这样的监督就是虚假的，就会造成形式监督的尴尬局面，难以产生实际效果。

3．适度性原则

适度性原则是监督的基本原则之一，它要求在设计管理监督的范围、任务、程度以及监督者在实施管理监督时，应掌握分寸，宽严相济，恰到好处，适时适度。而所谓的"度"，就是质和量的辩证统一，是事物保持其质的数量界限。在事物内部所能容纳量的活动范围内恰到好处地达到预期的结果就叫最佳适度量。监督是有成本的。监督成本分为两个部分：一是监督主体的执行成本，即行使监督职权所消耗的资源，包括监督机构的运转成本、监督活动所产生的业务成本和机会成本；二是监督客体的依从成本，即被监督者因接受和配合监督工作所消耗的资源。随着监督科学化的推进，监督工作的范围越广，力度越大，相应的监督成本就越高，监督产生的实效也越大。但在同等监督力度的前提下，监督成本越小，监督实效就越大；反之，成本越大，实效就越小。辩证唯物主义认为，任何事物都有质的规定性和量的规定性。在监督中，不可一味求全、求大，要把握适度性原则，注重监督的成本和实效。监督者在遵循适度性原则时，也应着重注意以下问题。一是掌握"过"与"不及"之间的度。监督活动是一个由多种互相关联的因素组成的系统。监督的主要任务之一就是协调各种因素之间的关系，使它们能够始终处于最佳的协调状态，以保持系统的稳定性，从而形成整体力量去完成管理任务。二是掌握"刚"与"柔"之间的度。"刚"是指工作的原则性、坚定性；"柔"是指工作的灵活性、策略性。监督者在处理问题和实施管理决策时，通常都是刚中见柔，柔中带刚，刚柔相济。

4．系统性原则

质量监督一般要在质量监督体系框架内依据相关规章制度实施系统性监督。质量监督体系是指在主管业务部门组织下，由质量监督主责单位、相关成员单位组成的质量监督机构，主要负责组织、协调质量监督工作，通常分为论证质量监督体系、研究与开发质量监督体系、试验质量监督体系和生产质量监督体系等。各质量监督体系主要通过横向信息交流和质量信息闭环管理达到质量监督的目的。同时，各质量监督体系要充分策划，确定每一个质量监督体系内部各个节点和环节，在确保质量数据全面的基础上，确保质量数据链条的完整性和可追溯性，并需要从数据采集终端到数据存储、数据挖掘和数据共享等各个环节实施质量监督。

5. 实质性原则

被监督对象一般都是由人参与的复杂性系统，其活动过程往往是错综复杂的，情况是瞬息万变的，这是因为影响监督对象活动的因素是多方面的、不断变化的。因此，既要历史地看问题，又要辩证地看问题，认真仔细地研究多种问题中哪些是主要问题，哪些是本质问题，多种因素与矛盾中哪些是主要因素，哪些是主要矛盾，哪些是矛盾的主要方面。只有抓住主要矛盾和矛盾的主要方面，才能把握问题的实质，才能选用适当的监督依据，并据以做出正确的判断，提出合理的意见和做出令人信服的决定。同时，由于监督自身的权威性和严肃性，因此要注重从活动的表面发现本质问题，重实效而弱形式，避免因为表面现象而误导监督判断。

6. 可靠性原则

监督人员所运用的依据必须准确可靠，绝不能把道听途说的主观臆测作为判断是非的依据。凡引用、依据的资料，均要查看原件、签发单位和签发时间，并判断其适用性；凡引用的数据，一定要亲自复核，绝不能照搬照抄；凡列举的定额、标准，必须要有原文资料，并核实其有效期和适用的单位；凡利用的仪器设备，必须要经过标定，并在有效期内；凡引用的单位管理制度，一定要有文字记载，领导的口头指示和某种会议精神如没有文字依据，均不得作为监督依据；凡引用的法律、法规、规章制度，一定要查到原文、原件，并做适当的摘录或复印，绝不可断章取义，妄加推论。

7．依法监督原则

法律、法规以及各项规章制度都是工作经验和教训的结晶，反映了事物发展的客观规律，依法监督就是自觉地按客观规律办事。质量监督和检验验收工作是一项政策性很强的工作。在质量监督和检验验收工作中，只有严格以国家的法规、装备合同、经批准的图样和技术文件为依据，做到有法必依、执法必严、违法必究，才能保证质量监督工作的权威性和有效性。在质量监督和检验验收工作中，监督人员必须严格遵守工作纪律，严格执行各项工作规定。此外，还要健全本单位的各项规章制度并予以落实。监督者必须不断加强业务工作的正规化建设，严格内部管理，保证质量监督和检验验收工作科学、有序、高效地开展。

第六章　质量管理与质量监督的体系

质量管理与质量监督体系是指在质量方面指挥、控制和监督组织的管理体系，是组织内部建立的、为实现质量目标所必需的系统的质量管理模式，也是组织的一项战略决策。质量体系的作用是指挥、控制和监督组织的质量方针及目标的建立与实施，目的是实现质量目标。

6.1　质量体系结构

6.1.1　质量体系

体系是泛指一定范围内或同类的事物按照一定的秩序和内部联系组合而成的一个整体，是不同分系统组成的系统。自然界的体系遵循自然的法则，而人类社会的体系较为复杂。影响体系的因素除了客观物质规律外，还有人性的不确定性发展，从而使体系成为一个复杂性系统。

体系的基本概念可以认为是：若干有关事物或某些意识相互联系的系统而构成的一个有特定功能的有机整体，如思想体系、作战体系等。从宏观上讲，宇宙是一个体系，各个星系是分系统；社会是一个体系，不同人群是分系统。从小处说，人是一个体系，各个器官是分系统。每个大的体系中包含有很多小的体系，小体系里又包含大量的更小体系，而众多的小体系构成了大体系和总体系。

质量体系是为保证产品、过程或服务质量，满足规定(或潜在)要求，由组织机构、职责、程序、活动、能力和资源等构成的有机整体。即为了实现质量目标的需要而建立的综合体；为履行合同、贯彻法规和进行评价，要求提出各体系要素的证明。质量体系包含一套专门的组织机构，具备保证产品或服务质量的人力、物力，还要明确有关部门和人员的职责和权力，以及规定完成任务所必需的各项程序和活动。因此，质量体系是一个组织落实有物质保障和有具体工作内容的有机整体。

质量体系按照体系目的可以分为质量管理体系、质量保证体系和质量监督体系 3 类。组织在非合同环境下可以只建立质量管理体系，而在合同环境下应建立质量管理体系和质量保证体系。质量监督体系则根据产品性质的不同，由组织自身、行政部门或用户等主体实施。质量体系总体结构如图 6-1 所示。

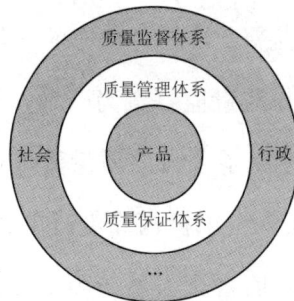

图 6-1 质量体系结构

质量管理体系与质量保证体系贯穿于产品实现的全过程，并确保产品质量的高水平和稳定性。质量监督体系在产品实现过程外部从需求和使用两个环节，通过相关标准规范和政策引导实施。在使用环节通过社会、行政等方式进行事后监督；在产品实现过程中，不仅能够对产品自身进行监督，还要对质量管理体系和质量保证体系进行综合的监督，监督主体可能是组织自身，也可能是组织外的相关者。

6.1.2 质量体系要素

质量体系由组织机构、职责、程序、过程和资源5个基本要素组成。质量体系内部包括硬件部分和软件部分。硬件部分指的是组织完成任务必须具备的质量管理与质量监督条件，包括必要的、符合要求的设备设施与场地以及合格的工作人员等；软件部分指的是通过与其相适应的组织机构，分析确定各质量工作的过程，分配协调各项质量工作的职责和接口，指定工作程序及依据方法，使各项质量工作能有效、协调地进行，并成为一个整体。

1. 组织机构

开展质量管理与质量监督，必须有相应的组织机构和人员。由于历史和制度的原因，质量管理与质量监督融为一体，没有明确两者间的界限。当前，各组织机构基本都建立了各自的质量管理机构，在相关法规、标准指导下开展具体工作，但很多组织机构尚没有单独内设的质量监督机构或质量监督机构职能被弱化。监督行为是一项专业性、技术性极强的工作，因此，质量监督部门开展监督不能满足于固有的融合模式和经验，必须组成专门的职能机构,抽调专业监督人员实施企业的监督业务专门训练,并掌握质量监督的特性。另外,由于组织机构主体行为涉及内容杂、变化快、数量多的各种行政法规及规章和规范性文件,所以参与产品实现过程的监督人员应当具备工程、管理、会计等专业技术知识的人员。监督部门可以聘请专业技术人员和专家协助组织机构寻找其制度内潜在的质量隐患,提出可行性改善方案,以供这些组织机构考虑和采用。同时应加强监督部门独立行使质量监督权的外在保障和内在保障,使内外两种保障机制相辅相成,相得益彰。

2．职责

职责中应规定各个质量部门和相关人员的岗位责任与在质量体系和工作中应承担的任务、责任,以及对工作中的失误应负的责任。

如果管理与监督的主体是组织,则组织机构一般以过程为主线,通过协调把各个过程的责任逐级落实到各职能部门和各层次的人员。各层次的人员应至少包括管理与监督人员、执行人员和评估人员三个层次。职责划分时应把握全面覆盖、不留空缺、避免重叠的原则,并且要注意下面3点。

(1) 既要明确,又要相互衔接、协调。

(2) 要防止多头领导,多头指挥。

(3) 对质量工作独立行使权力者要详细规定其职责并明确任职条件。

职责中应明确与质量有关的各项质量活动(直接或间接)和各项质量活动的控制要求。划分质量职能应按先部门、后岗位的原则明确落实质量职责,并且将职责文件化。

3．程序

程序是指为完成某项具体工作所需要遵循的规定，并加以文件化。其包括两部分内容：一方面规定了按顺序开展所承担的活动的细节，包括对应开展的活动的要求以及"五何一如何"，即何事、何人、何时、何处、何故和如何控制等；另一方面规定了如何进行控制和记录，以及对人员、设备、材料、质量控制方法和环境等进行控制。制定程序时应注意以下3点原则：

(1) 组织要对影响试验报告质量的各项质量活动规定相应的程序。

(2) 程序文件的描述要按质量手册中有关要素(一个或一组)所确定的原则加以展开。

(3) 相关的程序文件之间要处理好协调和衔接关系。

4．过程

过程是将输入转化为输出的一组彼此相关的资源和活动。一个复杂的大过程可以包含若干个小过程，前一个(或几个)小过程的输出是下一个(或几个)小过程的输入，彼此间形成有规律的相互关联；所有过程构成一个封闭的质量环。任何工作都是经历过程而完成的，均存在着过程输入和过程输出，过程输入到输出将产生增值或转换。质量管理体系建立过程中要明确体系所涉的所有过程及相互间的关系，这是建立质量管理体系的基础工作。过程的特点有以下4个方面：

(1) 所有过程均有输入和输出，输入是实施过程的基础，输出是完成过程的结果。

(2) 完成过程必须投入适当的资源和活动。

(3) 应在各个重要环节进行检查、评价、测量，以对过程质量进行控制。

(4) 过程是增值的，其价值的来源就是过程投入的资源和活动所应产生的结果。

5. 资源

资源包括技术资源、物质资源、组织资源、人才资源、信息资源等，是质量管理体系运行的基础。组织机构充分利用各类资源时应主要考虑的因素有：人员素质的提高，设备、仪器、设施的维护和添置及更新，以及测试技术、测试方法、标准发展动态的有关信息跟踪研究。

在学术领域，另外一个比较通用的做法是，将质量体系要素归纳为"人、机、料、法、环"：人——要涉及人员和能力的要求；机——需要某些设施设备、仪器、工具；料——需要能源、备件、易损件；法——需要技术资料、文件；环——涉及包装、运输、贮存及其他技术接口。通常所说的生产过程的质量控制离不开"人、机、料、法、环"，即对人员、设备、材料、文件、环境的控制。随着管理理论的不断完善，在此基础上，又增加了"测量"环节，和"人、机、料、法、环"结合在一起，构成"人、机、料、法、环、测"，即5M1E。其认为产品实现过程受这6个方面因素的影响，质量管理过程的标准化即是按照这6个方面工作开展的。

6.2 质量管理体系

质量管理体系是组织机构为实现质量目标，根据质量管理体系要求(ISO 9000 或 GJB9001C—2017 等标准)，通过一定的方式、方法，将各要素整合在一个架构下运行的一个管理体系。

6.2.1 质量管理体系结构

一个组织机构要进行质量管理，就需要有人、有机构，还要明确他们的职责，还要有规章制度、管理程序以及相应的资源保障等。质量管理体系就是指进行质量管理所需的这些要素的组合。这种组合不是无序的、杂乱无章的，而是系统的、有序的。可以说，提供产品的组织机构一般都会有质量管理，但不一定就有质量管理体系或者说不一定具备完善的、有效的质量管理体系。质量管理体系可简称质量体系。

国际标准化组织给质量管理体系的最新定义是：在质量方面指挥和控制组织机构的管理体系，即在质量方面指挥和控制组织建立方针和目标并实现这些目标的相互关联或相互作用的一组要素。质量管理体系一般包括产品实现、资源提供、测量、分析和改进以及管理等过程。

图 6-2 来源于 ISO 9000 标准，表示了以过程为基础的质量管理体系模式。对这张图可有以下的理解。

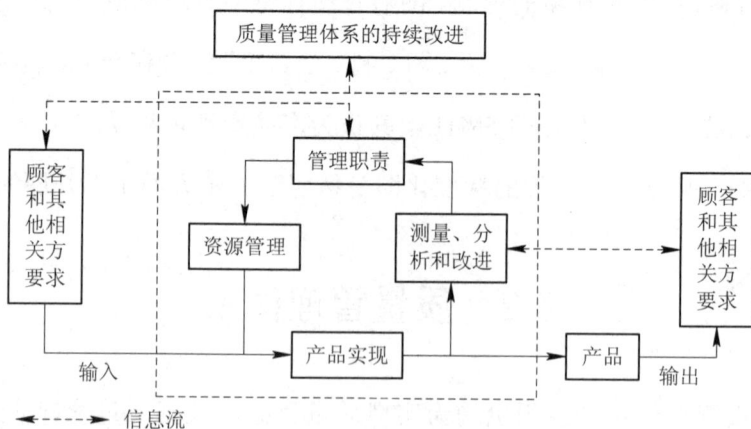

图 6-2 以过程为基础的质量体质模式

(1) 质量管理体系的建立和运行以过程为基础，以顾客要求为输入，然后转化为产品输出，通过增值活动和信息交流不断满足顾客要求，使顾客满意。

(2) 质量管理体系概括起来，由管理活动、资源保障、产品实现、测量分析和改进 4 个过程构成。

(3) 产品实现过程是质量管理体系过程的主体，该过程又由一系列子过程构成(其他过程也可能包含子过程)。

(4) 过程相互关联和相互作用，实现质量管理体系的持续改进。

不同的组织机构有不同的产品、规模、结构等实际情况，因而其质量管理体系的结构也是不同的。以试验机构质量管理体系为例：装备试验机构所提供的产品是服务，如果按照国家军用标准 GJB 9001C—2017《质量管理体系要求》建立质量体系，其质量体系结构及其过程相互作用的一种表示方法可用图 6-3 表示。

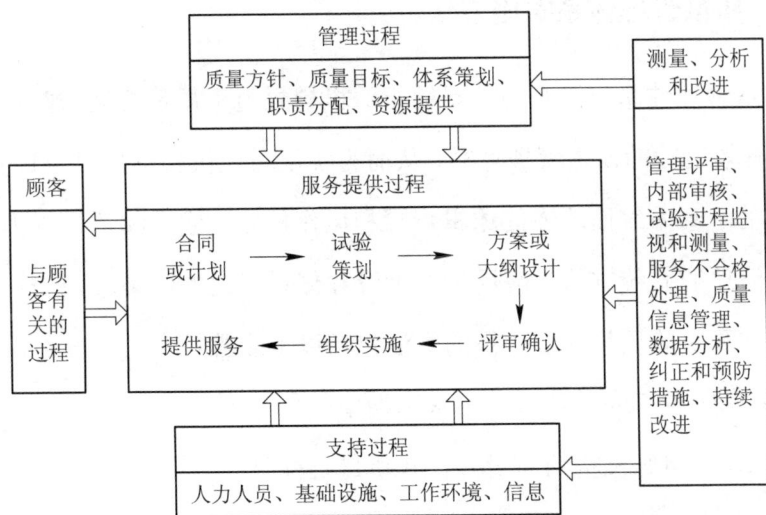

图 6-3　以过程为基础的试验质量体系结构及过程

6.2.2　质量手册

　　质量手册是规定组织质量管理体系的文件，其内容是质量管理体系。组织机构编制质量手册的目的是通过文件的形式来规定组织机构的质量管理体系。满足国家质量体系标准要求的质量手册的内容至少应包括质量管理体系的范围、质量管理体系编制的形成文件的程序或对其引用、质量管理体系过程之间相互作用的描述。其中程序是指为进行某项活动或过程所规定的途径；文件是信息及其承载媒体，媒体可以是纸张、计算机磁盘、光盘或其他电子媒体、照片或标准样品，或它们的组合，以及记录、规范、程序文件、图样等。文件由两部分组成：一是信息；二是信息的承载媒体。文件能够沟通意图，统一行动。记录是阐明所取得的结果或提供完成活动的证据的文件。记录可为可追溯性提供文件，并提供验证、预防和纠正措施的证据。记录通常不需要控制版本。

6.2.3　质量管理体系实施方法

　　质量管理体系方法是为了帮助组织机构致力于质量管理，建立一个协调的、有效运行的质量管理体系，从而为实现组织机构的质量方针和目标而提出的一套系统而严谨的逻辑步骤和运作程序。它是将质量管理原则——"管理的系统方法"应用于质量管理体系研究的结果。

　　建立和实施质量管理体系的方法包括以下步骤：

　　(1) 确定顾客和其他方的需求和期望。

　　(2) 建立组织机构的质量方针和质量目标。

　　(3) 确定实现质量目标必需的过程和职责。

(4) 确定和提供实现质量目标必需的资源。

(5) 规定用于测量每个过程的有效性和效率的方法。

(6) 应用这些测量方法确定每个过程的有效性和效率。

(7) 确定防止不合格产品产生并消除产生原因的措施。

(8) 建立和应用持续改进质量管理体系的过程。

任何使用资源将输入转化为输出的活动或一组活动可视为一个过程。通常情况下，一个过程的输出直接成为下一个过程的输入。系统地识别和管理组织所应用的过程，特别是这些过程之间的相互作用，被称为过程方法。它是建立质量管理体系的具体方法，由此形成了以过程为基础的质量管理体系模式(如图 6-4 所示)。

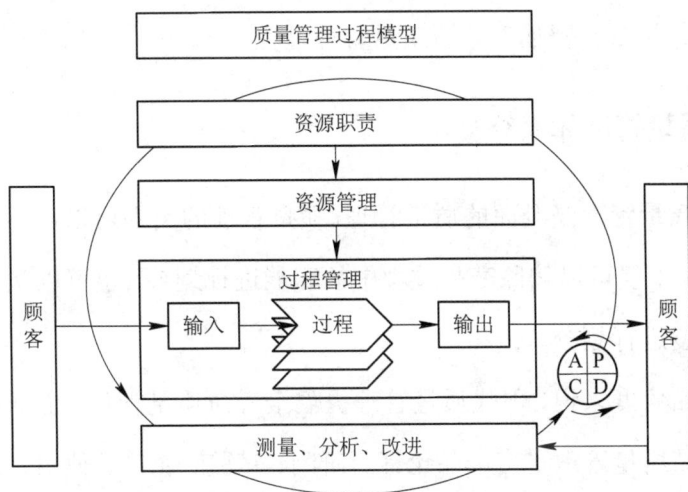

图 6-4　PDCA 循环示意图

注：PDCA 循环适用于所有的过程，也可以说 PDCA 循环适用于任何一项工作。

PDCA 的具体含义为：

P——策划，根据顾客的要求和组织的方针，为提供的结果建立必要的目标和过程。

D——实施，实施过程。

C——检查，根据方针、目标和产品要求对过程和产品进行监视和测量，并报告结果。

A——改进，采取措施，以持续改进过程业绩。

PDCA 循环方法在国内外得到了广泛的应用，但在实际执行过程中，质量管理只注重了质量计划和过程的分解、控制，而弱化了领导作用，即质量目标的确定和策划。且在当前，很多组织将管理与监督职能混淆，其中也有质量管理决策与策划目标不明确的原因。为此，现在提出了基于"决策、策划、控制、评估"的新质量管理过程。

6.2.4　质量管理体系分类

现代质量管理是全面的质量管理。质量管理的类别可以从不同的角度进行划分，不仅可以按照产品过程中的职能进行划分，也可以从不同的专业领域角度进行划分。

从产品角度来说，现代质量管理提倡全寿命质量管理。全寿命质量管理是指产品质量管理贯穿产品论证、研制、试验、生产、使用、维护直至报废全过程。产品全寿命过程大体可分为三个阶段：论证阶段、研制与生产阶段和使用与维护阶段。每个阶段都有各自的质量管理特点和要求，从而形成了论证阶段质量管理体系、研制与生产阶段质量管理体系、使用与维护阶段质量管理体系。严格地讲，实施全寿命管理强调用户体验，根据我国的产品质量管理体制，用户市场的需求引导产品的生产，并由销售方按照相关法规和市场用户需求为用户提供产品质量保证，并承担质量责任。为此，管理者的责任就是"抓两头，控制中间"。这三个阶段的质量管理是整个产品全寿命管理的重要组成部分。

按照产品的不同类别和应用领域的不同，可以将质量管理体系分为民用产品质量管理体系、军用产品质量管理体系、军民融合产品质量管理体系等。民用产品质量管理体系按照不同的产品类型可以进一步细分为化学产品、机械产品、软件产品等的质量管理体系；军用产品质量管理按照使用范围，可以分为通用装备质量管理体系和专用装备质量管理体系，其中专用装备质量管理体系又可以按照军兵种分为不同的体系类别。

质量管理的分类方法很多，可以根据不同的需求进行灵活分类，以适应不同的工作需要。但需要注意的是：一个组织机构在进行分类时需要坚持统一的分类方法，避免出现不同类别交叉，导致质量体系实施过程中出现相互冲突的情况。

6.3 质量监督体系

质量监督是通过一定的机制发挥作用的。机制是不同主体之间相互联系和相互作用的方式，表现为一种动态过程。质量监督机制之所以具有限制和约束权力的功能，是由其内在的本质要求决定的，并通过质量监督体系来实现。

6.3.1 质量监督体系要素及要求

质量监督体系只有符合其内在的本质和目标要求，其运行才能达到预期的目的，否则就徒有其表。质量监督体系由监督主体、监督对象、监督关系和监督手段等构成，其每个要素都有其独特的要求。

1. 质量监督主体的独立性

质量监督主体应依法、依规独立行使质量监督权，不受其他任何机关、组织和个人的非法与违规干涉。质量监督作为一种产品外在的强制，不同于道德自律，它表现为主体对客体的限制和约束、监察和督促，客观上要求质量监督主体具有超脱的利益和超然的地位，只向赋予其质量监督权的组织机构负责，独立地行使自己的职权，包括组织机构依法、依规设置的独立性，工作人员依法、依规任命的独立性，办公条件依法、依规保障的独立性，质量监督依法、依规实施的独立性。如果将质量监督主体的生存空间置于对方的控制之下，那么质量监督主体就会蜕变为权力的附庸，质量监督就会失去应有的效力。

质量监督机构的设置通常有两种方式：一种是设置在领导中心的内部，受领导中心的制约，这种体制可称之为从属型体制；一种是设置在领导中心的外部，实行自成一体的垂直领导，这种体制可称之为独立型体制。两种体制各有利弊。从属型体制的优点是质量监督机构受领导中心的直接控制，对领导中心的诉求能够及时回应。其致命缺陷是容易受领导中心利益的牵制。例如，对于领导中心采取不法手段谋取私利的行为或掩饰已发生的质量问题的行为，质量监督机构往往无能为力。特别是当质量监督机构的人、财、物等资源受制于人时尤其如此。诚如汉密尔顿所说："就人类天性之一般情况而言，对某人的生活有控制权，等于对其意志有控制权。"很难想象，一个人能够有效监督另一个对其生存有控制权的人的行为。

从行政角度来说，我国行使质量监督权的专门机构，如政治、经济领域的国家监察机关与司法系统的反贪机关在体制上同时受同级党委或行政首长和上级机关的双重领导。这些机关的人事权、财政权一般都掌握在同级党委或行政首长手中，客观上形成了一种依附型的隶属关系。这就带来两个问题：一是专门机构对同级党委或行政首长的质量监督，由于受同级党委或行政首长的领导而难以有效实施；二是上级专门机构对下级党委或行政首长的质量监督，由于受时空条件的限制也难以有效实施。这就使党委或行政首长在日常工作中，几乎处于不受质量监督的地位。这种以同级党委或行政首长领导为主的质量监督体制，严重地削弱了专门机构的独立性，从而在相当程度上妨碍了专门机构作用的有效发挥。

2. 质量监督对象的公开性

依法公开国家的政治事务和施政活动，使之广泛置于广大人民的关注之下，这是我国政务公开的具体表现。这里主要包括三个方面：一是国家政务公开，即国家机关制定法律、设置机构、分配权力、安排人事等事务向人民公开；二是国家人格公开，即那些接受人民委托行使国家权力的公职人员的施政活动向人民公开；三是国家决策公开，即国家在做出重大决策前，为保证在公众的参与下做出科学抉择，对于决策的目标、实现目标的可行性方案、各方案在成本收益方面的优劣比较向人民公开。与此同时，还包括疏通和拓宽下情上达和上情下达的渠道，保证人民代表能够准确表达选民的意志，社会团体能够充分反映群众的意见，新闻媒体能够及时传递民众的意愿，各方面的呼声能够顺利地反馈到国家机关中来。

由于暗箱操作藏污纳垢，大量的腐败行为都是在信息高度垄断的情况下进行的，因而人们无法想象一个充斥暗箱操作的政府会是清正廉洁、高质量的政府。鉴此，政府机关决策过程应适当公开，通过采取专家咨询、社会听证、公众参与等方式广纳民智，确保决策的民主化、科学化。为增加政府机关运作的透明度，除涉及国家秘密和依法受到保护的商业秘密及个人隐私等事项外，政府机关还应公开行政信息，把政府机关与公众利益密切相关的立法活动、政策制定、财政预算、公共开支、工作规则、办事程序、审批条件、收费标准等行政信息如实公布于众；对公开的行政信息，公众有权查阅，政府机关应为公众查阅提供便利条件。这样既可以防止以权谋私等问题的发生，又便于社会各界实施质量监督。同时，要不断扩大公开范围，创新公开形式，深化公开内容，健全公开制度，确保行政权力沿着正确的轨道合理运行。

确保权力正确行使，必须让权力在阳光下运行。只有质量监督对象公开，使之处于众目睽睽之下、众口评说之中，才能使优秀人才显露才华，得到重用，使贪婪之辈无处藏身，受到制裁。如果决策与施政不公开，公众不能及时了解真情，那么质量监督就失去了前提，问责就失去了依据，质量监督就会形同虚设。新闻媒体之所以能够成为质量监督掌权者的有效手段，就在于它能够如实地反映质量的真实情况。通过新闻媒体曝光将问题公之于众，让舆论的阳光驱散恣意妄为的阴霾，从而使之成为决定质量命运的前奏。因此，应强化这样一种观念——公开是制度，保密是例外。

3. 质量监督关系的对等性

对权力的赋予与对质量监督权力的赋予应对应对等。按照这个要求，只要赋予掌权者一定范围和强度的权力，就应当同时赋予质量监督者以相应范围和强度的权力，使权力与所承担的责任对应，与所受到的约束对等。腐败现象之所以猖獗，很大程度上是利用了"权力不对称"。解决这个问题的根本举措就是强化质量监督权。实践表明：权力随意行使，没有质量监督不行；质量监督者处于被质量监督者单方面支配和控制之下，没有与被质量监督者平等的地位、对等的权力也不行。在质量监督关系上，普通公民与国家机关工作人员的平等在于，前者有权依法对国家机关工作人员进行监督，后者有权依法对普通公民实施管理；监督机关与执行机关的平等在于，二者共同对产生它们的权力机关负责，各司其职，各行其权，相互没有组织上的隶属关系。现代社会结构之复杂，联系之广泛，信息之多变，在历史上是空前的，离开了灵活、高效的管理是不行的，因而权力一定程度的集中是必要的。问题在于权力的赋予与质量监督权力的赋予要对应对等，如果仅仅赋予掌权者一定的权力，而不相应地赋予质量监督者一定的权力，权力关系就会失衡，质量监督就无从进行。

质量监督关系对等的另一个含义就是质量监督者也要受到质量监督。如果质量监督者不受质量监督，质量监督权无限扩张和任意使用，同样会使权力关系发生倾斜，甚至会降低效率，滋生腐败。由于质量监督权力的目的只是敦促掌权者认真履行职责，切实改进工作，而不是去干扰其正常工作，更不是去越俎代庖。因此，无论是国家机关、党派团体、新闻机构，还是公民个人对掌权者的质量监督，都必须在宪法和法律所赋予的权力与权利以及所规定的途径和程序范围内进行。只有这样，才能使质量监督发挥应有的效力。诚然，对于执行机关与监督机关而言，双方都必须接受质量监督并不意味着可以等量齐观。由于执行机关的权力是一种积极的权力,监督机关的权力是一种消极的权力,质量监督的重点应当是执行机关,这一点也是毫无疑义的。

4．质量监督手段的强制性

质量监督主体的活动以权与"法"的强制力量做保证。实践告诉人们,确定权力的行使界限不仅要有一定的规范,而且要有强制力量作为实施规范的坚强后盾。权力之间是互为界限的,缺乏以强制力量为实施保证的规范是很难对权力起到约束作用的。由于权力总是作为一种强制力量而存在,因此质量监督如果离开了同样的强制,就会变得软弱无力。只有以权与"法"(法律、规范、强制标准等)的强制力量为手段,才能迫使质量监督对象无论愿意与否都能接受质量监督主体的约束,才能保证质量监督主体不管质量监督对象愿意与否都能正常行使其职权。

"法"之所以能够有效地约束权力,是因为它具有两个显著特征。一是"法"的普遍性;二是"法"的至上性。"法"的普遍性要求任何明确的适用对象都要受到约束,不仅经济产品如此,政治权力也要纳入"法"的轨道。这就需要有完备的"法"。但仅有完备的"法"还不足以实现对约束对象的有效制约,因为它会遇到各种各样的挑战,尤其是来自权力的挑战。为了使"法"在各种挑战面前仍然能够得以贯彻,就必须以"法"的至上性来保证。"法"离不开权力,但"法"高于权力,当"法"与权力发生矛盾时,权力必须服从"法"。"法"的至上性是以国家强制力量为保证的,它要求任何国家机关、政党组织、社会团体和公民个人都不得凌驾于"法"之上,任何国家机关、政党组织、社会团体和公民个人违犯

"法"都要受到应有的追究。

在实际生活中，权力总是作为一种体现主体意志的强制力量而存在。要使质量监督取得实效，就必须以同样的强制力量与之相抗衡。这一点已经为古今中外无数事实所证明。诚如列宁所指出，如果没有一个能够迫使人们遵守法制的机关，无论什么"法"都等于零。强制力量可以备而不用，但却决然不能没有，否则质量监督就不可能达到预期目的。一个普通党员，一个普通公民，既没有直接的党纪执行权，又没有直接的国法执行权，但他们的检举却可以使一个身居高位的以权谋私者闻风丧胆，这固然是靠理性的力量和正义的力量。但如果他们背后没有"法"做依托，没有执法、执纪机关做靠山，这种理性和正义就不会对以权谋私者产生极大冲击。

6.3.2　质量监督体系结构

一般说来，质量监督的框架结构(也称为质量监督体系结构)是指质量监督体系中各组织机构之间、组织机构内部各部分之间、各组织机构与外部环境之间以及不同质量监督手段之间相互联结和相互作用而形成的一种约束关系。其主要包括直接与间接结构、横向与纵向结构、内部与外部结构、刚性与弹性结构。这些结构在空间上并存，在功能上互补，共同构成了质量监督的总体框架。

1. 直接与间接相结合结构

直接与间接相结合结构是就质量监督主体与对象之间的关系而言的。直接监督是执行者以自己的权利直接监督管理者，间接监督是执行者将自己的权利凝结为职责间接监督管理者。直接质量监督与间接质量监督是同执行者的直接参与和间接参与相适应的。直接参与指执行者直接参与事务的管理，包括通过意见和建议影响管理者决策以及通过报告、申诉监督管理者。间接参与是由执行者选出自己的代表组成质量监督机构，制定规则，决定重大事项，并产生其他组织机构，对相关质量事务进行管理。

用户监督是一种间接监督，其对质量监督的意义重大。从质量监督的主体看，我国 13 亿人口中，以工人、农民、知识分子为主体构成的用户分布在全国 200 多个行业及 300 多种职业中。从质量监督的客体看，上至中央党政机关的领导干部，下至基层部门的工作人员，都处于用户质量监督之中。从质量监督的内容看，质量监督涉及经济、政治、文化、社会等各个领域和各个方面。从质量监督的权利看，用户之所以能够监督质量，是因为他们享有"法"规定的各项公民权利。从质量监督的形式看，用户通过协商对话、伪劣举报、社会舆论等形式对特定对象进行质量监督，是防范和惩治一切违背质量要求行为的有效手段。据资料显示，在全国质量案件中，大部分是以用户举报的方式发现的。

由于用户监督力量分散，因而要使其产生应有的效力，就必须将用户监督组织起来，以便形成强大的合力。用户团体正是实现把用户监督凝聚起来、与专门监督联系起来的桥梁和纽带。充分发挥用户对被监督对象的质量监督作用应做到以下几点：

(1) 通过参与决策的形成过程，积极反映广大用户的意愿和要求，以保证被监督的对象管理者的决策建立在维护广大用户根本利益的基础之上。

(2) 通过用户代表团体在权力机构中的代表，对将要上升为"法"的主张提出支持、补充乃至修改意见，以避免重大质量决策发生失误。

(3) 通过社会舆论对被监督对象的具体活动进行监督。同时，被监督对象在制定公共政策的过程中，凡涉及用户切身利益的事项，诸如文化教育、医疗卫生、环境保护等，都应通过协商对话、讨论、决策咨询等形式让用户的代表参与其中，充分反映各方面用户的意见和呼声，以增强被监督对象决策输出的群众基础，增强产品或服务在满足广大用户需求方面的科学性和有效性。

在直接质量监督的各种形式中，社会舆论以其广泛性、公开性、及时性和威慑性的特点而居于重要地位。所谓社会舆论，就是公众对某些社会现象和社会问题所发表的带有倾向性的看法或意见。而舆论监督正是依靠社会舆论的力量对质量所实施的监察和督促。它由监督主体、监督客体和监督媒介三种要素所组成。监督主体是指运用一定的传播工具对各种质量行为进行监督的人民群众。监督客体是指受舆论监督的对象。监督媒介即传播工具，主要指报刊、广播、电视、网络等。因此，舆论监督在本质上并不是新闻媒体的监督，而是用户通过新闻媒体对产品或服务所进行的监督。用户的倾向性意见是通过新闻媒体的工作反映出来的，但其实质内容来自用户。没有用户，就形不成舆论，就谈不上舆论监督。新闻媒体之所以有力量，之所以使一些以次充好者闻风丧胆，就在于其作为用户的权利维护工具，代表着用户的利益，反映着用户的呼声，其背后有"法"为依托、为靠山。

2. 横向与纵向相结合结构

横向与纵向相结合结构是就各种质量监督的纵横关系而言的。横向监督是同一层次不同性质质量相关权利之间的平行质量监督，纵向监督是同一性质不同层次质量相关权力之间的垂直质量监督。横向质量监督与纵向质量监督协调一致，形成合力，可以填补真空，堵塞漏洞，全面提高质量监督的整体效能。

在当今的国家质量监督体制中，不仅有国家机构，还有政党组织、社会团体；在国家质量监督机构中，不仅有立法机关，还有行政机关、司法机关。这些机构、组织和团体的性质不同，在国家治理体系中的地位则不同，所担负的职能也不同，但却存在着密切的联系。在它们之间，既存在着领导与被领导、管理与被管理的关系，又存在着制约与被制约、监督与被监督的关系。在质量监督权力的横向配置上，只有使不同的权力主体之间既保持集中统一，又具有一定的张力，才能达到质量监督的目的。

平级组织之间的质量监督是一种横向的质量监督。在我国企业中，监事会和董事会是一种横向的平行质量监督。董事会作为执行主体，对企业实行统一领导，通过制定正确的战略方针，组织和支持员工发挥主观能动性，确保员工按照董事会的意志行使自己的职权；但董事会不是执行机构，不能直接代替具体管理机构对员工发号施令，也不能包办执行部门的工作。董事会的主张只有经过监事会的审议，为员工所接受，才能变为企业意志，并要求各级机构、人员一起遵行。董事会应自觉接受监事会的监督，并在符合广大员工根本利益的前提下，把企业决策变成全员意志加以贯彻；然而监事会始终有权在处理各项具体事务中独立负责地开展工作。当董事会的决策与"法"相抵触时，监事会在坚持原则的前提下，有权向董事会提出质疑并依法要求修改或撤销。正确处理董事会和监事会之间的横向质量监督关系是正确处理其他各种质量监督关系的基础和前提，董事会和监事会之间的关系处理不好，其他关系就难以理顺。

管理机构和执行机构之间，既存在着自上而下的领导关系，也存在着自下而上的监督关系，这两种关系共同构成了质量监督的纵向结构。在我国，正确处理管理机构和执行机构之间的纵向质量监督关系，重点在于解决两者之间权力过分集中的问题，使之该管的管好，该放的放开，既不失职，也不越权，从而保证执行者拥有一定的自主权。正确处理管理与执行之间的质量监督关系，要求在保证思想统一的前提下，划清两者的职责权限，改变过去那种管理机构对执行机构事务大包大揽的做法。对于那些执行机构可以管好的事务，要放手让给执行机构管，管理机构只管事关全局的重大决策、发展战略、决策、计划措施以及重点建设项目。

执行机构的主要职能有：

(1) 执行管理机构的决策，并结合实际指导执行者贯彻落实。

(2) 制定执行机构发展规划，为用户提供产品和服务；举办相关活动，维护执行机构的秩序和稳定；发展与各相关机构之间的互助合作。

(3) 掌握和汇总各方面的情况，及时向上反映，为管理机构决策提供依据。

处理管理机构和执行机构之间质量监督关系的原则是：既能保证管理机构对宏观实行行之有效的调控，又能保证执行机构独立自主地解决职责范围内问题，发挥管理机构和执行机构两个积极性。

在横向与纵向相结合结构中，质量监督的关系是双向的，是互为主体与客体的，这与质量监督的本质要求是一致的，但其效果却未必都能尽如人意。如果双方的力量不均衡，一方处于强势地位，另一方处于弱势地位，强势地位一方控制弱势地位一方，则质量监督同样达不到预期的目的。解决这个问题的出路不是消除强势、扶持弱势，而是在理顺体制、健全法制的基础上，形成一种质量监督机制，即无论是强势还是弱势，只要违犯了法度就寸步难行。

3．内部与外部相结合结构

内部与外部相结合结构是就质量监督体系内部与外部关系而言的。内部监督是同一体系内部各组成部分之间的相互质量监督，外部监督是不同体系之间的相互质量监督。在实际操作中，只要质量监督主体与客体处于同一体系之中，二者之间存在着直接的利害关系，就属于内部质量监督；相反，只要质量监督主体与客体处于不同的体系之中，二者之间不存在直接的利害关系，就属于外部质量监督。

外部监督可以根据监督对象的不同，区分为权力的监督和产品、服务的监督。在权力监督方面，外部监督主要体现为行政机关监督。从我国国家体制来看，行政机关监督在外部监督中所占比重最大，拥有部门最多，行政管理监督的范围涉及国家和社会生活的各个层面。在我国的法律体系中，有 80%以上的法律、法规是由行政机关执行的。行政执法活动具有多样性、广泛性、直接性等特点，在整个执法活动中处于举足轻重的地位。如果离开了行政机关依法开展质量监督，依法治国就失去了主要支柱。因此，强化质量监督，实现依法行政，是建设法治国家的关键。为此，必须对行政机关和行政人员在质量监督过程中的违法与不当行政行为进行必要的控制。在产品、服务监督方面，外部监督主要体现为用户监督，采用的主要方式是社会舆论、投诉或者是直接反馈等方式。在经济社会秩序逐渐形成的过程中，用户监督经历了从个体自发监督到团体、社会舆论和法制监督的过渡。用户监督具有间接性的特点，是质量监督最基础的支撑，其依据是用户被赋予的基本权力。

内部质量监督的主体与对象处于同一权力体系之中，彼此的行为很难避开对方的耳目，因而对于遏制滥用质量监督权力的行为具有一定的优势。但内部质量监督有一个致命弱点，就是处于同一权力体系的质量监督主体与客体在权力上往往存在着牵连，在利益上也往往存在着牵挂，从而影响质量监督的效果。外部质量监督的主体与客体分别处于两个系统，彼此没有直接的利害关系，而且在法律面前一律平等，因而外部质量监督有利于公正执法，是强化质量监督的一种有效途径。

4．刚性与弹性相结合结构

刚性与弹性相结合结构是就不同质量监督手段之间的关系而言的。刚性监督主要通过加强法律制度建设，用强制的手段迫使掌权者在行使质量监督权力时严格遵守各种行为规范；弹性监督主要通过加强思想道德教育，使掌权者在社会舆论的调控下，自觉地秉公用权。

在刚性质量监督中，法律制度决定人的行为，决定质量监督的取向，其主要表现在两个方面。一是在判断是非时，不是依据掌权者的意志，而是依据公认的尺度和普适的准则即法律制度。当一个人违犯了质量制度时，人人都知道这是需要矫正的行为，而不需要由掌权者来判定。二是克服消极现象，刚性监督依靠的是制度建设，而不是依靠掌权者发动运动。依靠制度建设可以使克服消极现象成为一项经常性工作，一旦消极现象出现，制度就会立即起作用。而依靠掌权者发动运动，往往具有很大的偶然性和随机性，掌权者注意到哪种倾向，哪种倾向就可得到克服，注意不到哪种倾向，哪种倾向就会恣意生长。由于制度是人们共同遵守的办事规程和行为准则，是社会领域中比较稳定的规范体系，因此，建立健全严密的制度体系，是有效发挥刚性质量监督作用的基本前提。

弹性质量监督的主要手段是思想道德教育。思想道德教育与思想道德境界和思想道德评价紧密相连。其中思想道德教育具有禁止与倡导双重作用；思想道德境界具有思想和行为双重特质；思想道德评价具有社会评价与自我评价双重形式。社会评价主要靠社会舆论，自我评价主要靠道德良知，二者对行为动机具有审查作用，对行为过程具有监督作用，对行为后果具有反省作用。通过思想道德教育和思想道德评价，不断提高领导干部的思想道德境界，是达到弹性质量监督目的的必由之路。从国际遏制腐败的经验来看，思想道德教育是遏制质量管理腐败战略的基石。根据"经济人"假设，人们不断追求自身效用的最大化，而效用是取决于人的偏好的，不同的价值观有着不同的行为偏好。通过思想道德教育，可以使人形成对清正廉洁的偏好，并直接影响人的成本收益分析，从而达到遏制质量管理腐败的目的。由此可以说，加强思想道德教育是遏制质量管理腐败的奠基工程。

在制度与思想道德之间，制度是控制人的越轨行为的最后屏障，思想道德则是抑制人的不良行为的内心防线。在实际生活中，人们对制度的认同和信仰是制度存在并发挥作用的基础。当大多数人对制度不屑一顾时，就会出现"法不责众"的局面，制度就会变成一纸空文。因此，制度要转化为人们的自觉行动，还仰仗于思想道德教育。同样，思想道德规范的实施也需要制度的支持和配合。制度虽然不能代替思想道德规范的作用，但却是思想道德规范赖以存在和发挥作用的保证。因为人的自我约束能力是由外部强制力量逐步内化形成的，因此很难想象一个制度得不到严格遵守的社会能够建立良好的思想道德秩序。同时，制度既有引导、推动作用，也有防范、惩戒作用，当某些行为滑出一定的思想道德界限后，仅仅诉诸舆论的谴责和良知的忠告是远远不够的，必须运用制度手段来加以修正。

在刚性质量监督与弹性质量监督之间，刚性质量监督以行为认同为标准，即使掌权者思想不到位，行为也必须到位，否则就违背了制度，就要受到惩处，因而具有强制性的特点；弹性质量监督以思想认同为基础，通过发挥思想道德教育和社会舆论导向作用，使掌权者牢牢树立责任意识，自觉为所负责事业尽职尽责，因而具有劝导性的特点。刚性质量监督与弹性质量监督尽管作用不同，但两者都不可偏废。

第七章 质量管理与质量监督的策划

质量管理与质量监督是在质量方面指挥与控制组织机构的活动,以及监察、督导活动的总称。质量管理与质量监督贯穿质量形成全过程中所有与产品相关的活动。质量管理与质量监督的过程根据不同的管理与监督对象而不同。在产品生产与服务领域,当前存在一些重过程、轻策划的普遍现象,为此提出新的质量管理与质量监督方法——决策、策划、控制和评估。

7.1 质量管理与质量监督的决策

质量管理与质量监督决策包含质量方针和质量目标的制定。决策是组织管理者的职责,管理者对单位产品和服务实施领导,通过质量管理与质量监督决策,形成质量方针和质量目标。

7.1.1 决策目标

1. 形成质量方针

质量方针是由组织机构的最高管理者正式发布的该组织总的质量宗

旨和方向。质量方针与组织的总方针通常相一致并为制定质量目标提供框架。

最高管理者应制定、实施和保持质量方针。质量方针应适应内外部环境和风险；适应组织的宗旨，并支持其战略方向；为建立质量目标提供框架，包括满足需求要求的承诺和持续改进质量管理体系的承诺。

最高管理者应了解质量方针的作用。质量方针应有的作用为：可获取并保持成文信息；在组织机构内得到沟通、理解和应用；适宜时可为有关相关方所获取。

2．确定质量目标

质量目标是在质量方面所追求的目的。质量目标通常依据组织的质量方针制定。通常对组织机构的相关职能和层次分别规定质量目标。

组织机构应针对相关职能、层次和质量管理体系所需的过程建立质量目标。质量目标应做到：与质量方针保持一致；与产品和服务合格以及增强顾客满意相关；考虑适用的要求；可测量；予以监视、了解并适时更新。

组织机构应保持有关质量目标的成文信息。

7.1.2 质量判断

在 2000 多年前，我国古代军事家孙子就指出："知己知彼，百战不殆；不知彼而知己，一胜一负；不知己不知彼，每战必殆。"制定质量方针，确定质量目标，必须科学判断形势和环境。质量判断是对关系组织质量全局的重大问题进行分析、预测、判定并得出结论的过程，是进行质量决策的前提和依据。质量判断的实质是：透过纷繁复杂的现象，揭示影响质量因素的本质和内在联系，判明质量挑战，分析质量体系结构，评估质量风险，权衡利弊得失，以获得对质量全局情况的正确认识，从而为质量管理与质量监督决策提供客观的、可靠的输入。

1．判断内容

判断内容一般覆盖的面比较宽，但核心内容包括环境状态、组织利益、产品特征及趋势、相关方分析质量风险等。

(1) 环境状态。正确判断环境状态是正确制定质量管理与质量监督方针的前提，是作出正确决策的基础。环境状态的判断是在准确把握发展趋势和特征的基础上进行的。

① 正确判断国际形势。国际形势关系到组织的生存与发展，影响产品的相关方，是组织建设发展和质量工作的环境和条件，对决策产生重要制约和影响。判断国际形势，应把握环境对组织影响的性质和状态，以及形势发展的基本走向。在此基础上，重点分析以下几方面：国际上各种与产品有关的现状和发展趋势；相关方对产品问题的态度和可能的影响程度，以及相关国家的政策和采取行动的可能；主要对手战略的调整及可能对组织产生的战略影响；等等。通过综合分析，对国际形势做出整体判断，重点是明确区分形势中的主要对手、可能争取或可以利用的有利条件、各种国际因素对组织建设发展的作用与影响。

② 正确判断国内安全环境。国内安全环境是组织建设发展的基础条件，对筹划组织建设发展、指导组织质量管理与质量监督全局具有重大影响。判断国内安全环境，重点应判明以下三方面情况：一是政治形势，主要是党和国家大政方针的执行情况、国内政策法规规划及计划实施情况、国内舆论情况及其他安全隐患等；二是经济和科技发展态势，主要是国家

的经济形势、经济布局、科技水平以及产品对外依存度等。

(2) 组织利益。组织利益需求是判断的主要依据。判断组织利益需求要根据组织利益的内涵及其受到威胁时可能造成危害的程度，按照核心利益、重要利益和一般利益的原则进行区分，重点确认直接影响组织生存与发展的核心利益，并以此确定组织建设发展需求和质量管理的底线、条件，明确组织质量管理与质量监督的目标指向和效果。要把质量管理与质量监督放在组织的总体发展布局中加以认识和把握，判定质量管理与质量监督在组织中的地位作用，组织需求对质量管理与质量监督的需求和制约，特别是对组织质量目标和质量管理与质量监督组织形式和方法等方面提出的明确要求。判断组织利益需求还需要分析组织利益拓展的基本趋向与挑战，判明遭受威胁的性质、主要方向、空间和领域，在此基础上确定质量管理与质量监督的方向、重点、总体思路和方式。同时对利益、代价和风险进行综合权衡，并对运用特定管理与监督手段实现特定利益需求可能导致的后果进行风险评估。

(3) 产品特征及趋势。把握产品特征及趋势，研究产品发展的基本规律，认清当前产品发展和用户需求的总体形势，是正确制定产品战略和质量方针以及作出正确质量决策的基本要求。

① 分析产品基本特征。分析的主要内容为产品自身属性分析，包含：是否是刚需产品，是否具有替代产品等；产品质量要求及数量、质量平衡与应用场景；供给与需求的基本矛盾及可能引发产品变化的根源；市场波动引起产品需求变化的可能性及其制约因素和机制；国际、国内市场政策动向及其发展演变等。通过对形势总体特点和走向的分析，把握当前产品

矛盾的焦点所在，判明威胁与竞争的性质、种类和表现形式。

② 分析产品发展趋势。产品发展趋势所反映的是在一定社会生产力基础上用户对产品需求的变化或使用需求的变化。随着人类社会的发展和人的需求层次的提升，产品的更新变化日益加快，导致质量管理与质量监督方针和目标需要快速更新。

(4) 相关方分析。产品性能的所有指标并不是与相关方的需求都成正比的，其中许多需求对产品而言是相互矛盾的。分析相关方对产品的需求情况应结合当时的经济、技术、环境、文化等方面的因素进行综合、全面比较，判明相互矛盾的相关方需求的综合权重，把握相关方的真正关切，从而为正确制定产品质量方针、质量目标等组织决策及质量管理与质量监督行动提供可靠的依据。

相关方分析主要包括以下内容：

① 主要市场(顾客)分析。从产品的主要应用领域、技术水平的基本特点、使用者的能力等方面进行判断。不仅要分析产品质量是否符合顾客的使用需求，还要研究供货周期和产品价格对产品质量的影响，并判断质量风险的类型与可能性。

② 第三方要求分析。分析公司现有质量体系对第三方的影响，以及第三方对组织质量管理提出的要求。

③ 监管部门分析。主要分析现有或者未来产品应用地区的相关法规要求，以及其实施特点。

④ 供应系统的要求分析。主要包含质量保证分析、质量特性分析和经济性分析等。

⑤ 组织内部相关因素分析。主要包含人员的内在能力需求和经济性需求等。

概括起来，科学地进行相关方分析，要做到外部分析与内部分析相结合，硬实力与软实力对比分析相结合，现实需求与潜在需求分析相结合，从而形成综合的分析结论，并由此判定其对相关方及质量管理与质量监督产生的影响。

(5) 质量风险。质量风险是制定质量方针和质量目标过程中作出的质量管理与质量监督决策产生的实际结果与预期结果不一致产生的影响组织稳定与生存的重大危险后果的可能性。风险的发生一般主要随以下两种结果出现：一是本该出现的结果没有出现；二是不应该出现的结果出现了。上述两种结果的发生即构成风险事件。前者称预期未实现风险，后者称预期错误实现风险。这两种事件并集发生的概率即构成了风险概率，简称风险。

质量管理与质量监督决策所产生的风险主要表现为需求风险、经济风险、文化风险、技术风险等5个方面。需求风险是所有风险的核心，产品与市场(顾客)需求不匹配，将直接影响单位的生存。经济风险主要是指由于材料、成品价格不合理引起的风险，以及由于现金流量失衡引起的结构性风险。文化风险主要是指产品质量特性的变化对组织文化与理念的冲击。如吉利收购沃尔沃后，拟面向中低端市场开发沃尔沃品牌汽车时，引起沃尔沃公司激烈对抗的危机出现。技术风险主要是指难以按既定时间节点突破，或在既定时间节点预期先进技术变得过时等导致组织损失的风险。

质量管理与质量监督决策本身就是一种高风险的行为。信息化条件下的产品质量管理与质量监督涉及的不确定因素多，结局影响重大，风险性更高。进行决策前，必须要注意以下几个方面的内容。

① 质量风险发生可能付出的代价。质量风险无论大小，一旦出现，在获得局部利益的同时，也必然会遭受损失，可能在经济、渠道等方面付出不同程度的代价。

② 要判断和应对不及时、不适当的风险，包括组织是否会遭受组织的结构性重大损失，是否会丧失有利的反制机会，是否会影响人员士气，是否会使竞争对手误判等。

③ 要判断风险升级扩大的可能性，包括会扩大到什么规模和空间范围，是限定在常规、局部范围内，还是会升级到组织全局并对生存产生重大影响以及组织能否承受等。

④ 引发连锁反应的风险。信息化时代产品的联动性在增强，产品质量发生问题可能在其他方面会引发连锁反应。对引发连锁反应风险的判断包括：可能在哪个方面发生连锁反应、是否多个方面会同时发生连锁反应、多个方面同时发生连锁反应的威胁排序、发生连锁反应的性质和程度、组织应对连锁反应的有利条件和不利因素等。

归纳起来，质量管理与质量监督决策不确定性大，风险性高，利益与代价并存。客观判断其风险需要在分析可能获得的利益同时，认真研究在市场、经济、文化、技术等领域可能付出的代价，预防风险升级和连锁反应等全局性风险，并对可能获得的利益与付出的代价和风险进行综合权衡，得出科学的判断结论，为质量管理预监督决策提供依据。

2. 判断原则

要作出正确的判断，必须要运用科学的判断方法。科学的判断方法必须要坚持辩证唯物主义和历史唯物主义的世界观和方法论，实事求是，具体问题具体分析，透过现象看本质，科学地分析和认识客观情况，揭示质量管理与质量监督的内在本质联系，防止主观臆断。具体而言，进行质量管理与质量监督的科学判断方法可以归纳为以下"四性"。

(1) 全面性。判断的全面性是指决策者要站在全局的高度进行判断，客观分析，防止以偏概全。组织质量与质量监督影响的全局性要求判断必须客观、全面，必须充分估计产品发展的多种可能，减少对组织全局认识的不确定性，避免因分析研究上的主观、片面造成重大的决策失误。"不谋万世者，不足谋一时；不谋全局者，不足谋一域"。在质量管理与质量监督的过程中，因不善于洞察全局而丧失主动的例子并不鲜见。判断必须站在组织全局的高度，以客观存在的实际情况及其演化趋向为分析对象，从事实、事件、事态和实际过程的本来面目出发，把各方面情况综合起来加以系统分析、辩证思考，客观反映产品质量的实际情况，而不能囿于一时一地、局限于某一局部层面进行分析，更不能脱离实际凭主观愿望和偏好，或是先入为主地考察和分析现象。要客观、全面地考察与全局相关的各种因素和条件：既看到有利的一面，也看到不利的一面；既要看到对手之长、我之短，也要看到我之长、对手之短；既要注重分析影响生存因素，也要关注分析新形势下的诸多非核心因素；既要关注威胁组织利益的因素，也要关注影响相关方利益的因素；既要考虑正常条件下可能发生的情况，也要考虑意外情况和复杂困难的局面。要着眼全局利益，在对相关条件全面分析的基础上进行综合判断，增强判断的客观性和可靠性，把握形势的总体、全貌和发展趋向，防止囿于一点，以偏概全，克服非此即彼的片面性和绝对化、简单化倾向。要站在全局的高度，从战略思维的高层次上对战略情报进行全面考察和掌握，防止漏判误判。

(2) 系统性。判断的系统性是指决策者要对获得的信息和掌握的情况进行连贯的、综合的、定性与定量相结合的系统分析。

① 分析利益矛盾。分析利益矛盾既要分析与主要竞争对手的利益矛盾，也要分析与次要对手的连带矛盾；既要分析与外部的利益矛盾，也要分析内部的利益矛盾。

② 分析相关方的需求。相关方的需求是生成质量方针和目标的直接依据。分析相关方需求既要从总体上了解其需求本质与需求取向和需求者思维、决策、行为的基本特征，又要具体分析其在特定条件下希望达到特定目的的想法；既要对相关方需求目标进行分析，也要对达成目标可能采取的手段和步骤进行分析与评估。

③ 分析现有格局。分析格局，不仅要分析竞争对手的质量管理与质量监督特性，而且要分析主要对手在周边及全球的产品布局；不仅要关注已存在的布局，而且要预测危机时可能迅速投放的产品和迅速形成的新的局面；不仅要分析产品的固定布局，而且要分析其布局的可能性。在此基础上，分析其对组织行动的影响，并对组织质量管理与质量监督方针和目标的可行性进行评估。

通过系统分析，最终对威胁的程度和等级做出明确的科学判断。按照威胁的能力和程度区分，对组织全局利益具有侵害能力的企图者为全面威胁；只对组织局部安全和利益具有侵害能力和企图者为局部威胁。

(3) 本征性。判断的本征性是指决策者要对事关全局的重大问题、主要矛盾和主要矛盾的主要方面进行深入分析，揭示现象的本质，得出正确的结论。由于判断涉及经济、科技、环境、文化、法律等多方面情况，组织获取的信息详略不一，因此要想实施正确的判断，不为大量隐蔽和欺骗信息所迷惑，必须从纷繁复杂的表面现象中找到那些反映相互对立的本质特征，抓住对全局有决定作用的核心要素，从而获得对其内在本质的深刻认识。尽管形势复杂多变，但决定形势转变的往往是制约形势发展的主要矛盾和关键性问题。因此，要揭示形势的本质联系，必须要在全面掌握情况的基础上进行去粗取精、去伪存真、由此及彼、由表及里的深入思考，抓住决定事物本质的主要矛盾和矛盾的主要方面，把注意力集中到对全局起重大影响和支配作用的关键部位与主要问题上。要把对质量管理与质量监督表面情况的了解延伸到对隐藏在表面情况之下的内在联系和因果关系的思考上，透过各种现象和伪装，寻根究底，判明企图，揭示本质。在信息化条件下，质量领域的信息量空前增大，一方面它能够在很大程度上驱散传统意义上的"信息迷雾"，但同时又在相当程度上造成了信息的泛滥、过剩和超载，从而增大了判断的难度。正确的判断只依赖于那些有价值的信息和情报，与得到的信息的总量并不必然成正比关系。搞好信息化条件下的判断，必须克服信息泛滥和过载带来的困扰，注意对相关信息的识别、过滤和筛选，尽可能透过"信息噪声"获得对真实情况的了解和对事物本质的确切把握。

(4) 前瞻性。判断的前瞻性是指决策者要依据形势的动态演化和发展趋势作出动态的、有预见的判断。博弈对抗是动态的，市场情况是复杂多变的，决定了判断必须是前瞻的、动态的。决策者应着眼关系组织生存全局的重大情况的发展变化，把握基本规律和趋势，进行不间断的系统分析和前瞻判断；必须根据变化了的新情况，对已做出的判断进行补充和校正；当形势发生转折性变化时，就要突破已有的判断结论，做出新的判断。由于判断是前瞻性的思维活动，具有很强的预见性，因此决策者进行判断要把握过去、现在与未来的联系，通过跟踪研究和超前研究充分估计产品质量管理与质量监督形势发展变化的多种可能性，辨明事物发展的趋势和基本走向，在进行中长期质量预测和预警的基础上，对当前情况做出及时准确的判断。质量决策者还必须更新观念，破除对于传统产品生产模式的思维定式，以发展的眼光、敏锐的洞察力能动地推测未来信息化时代可能出现的新情况、新问题，做出符合新形势的战略预见。

7.2　质量管理与质量监督的策划

质量策划(Quality planning)是质量管理的一部分，致力于制定质量目标并规定必要的运行过程和相关资源以实现质量目标。

7.2.1　质量策划的含义

对质量策划的定义可做如下解释：

(1) 质量策划包括在质量管理之内，是质量管理的一部分，质量策划是质量管理的前期活动，是对整个质量管理活动的策划和准备。质量策划的好坏对质量管理活动的影响是非常关键的。

(2) 产品策划首先要制定质量目标，这些目标应当是可测量的，以便管理者进行有效和高效的评审。在建立这些目标时，管理者还应当考虑：

① 组织以及所处市场的当前和未来需求。

② 管理评审的相关结果。

③ 相关方的满意程度。

④ 自我评定的结果。

⑤ 水平对比、竞争对手的分析、改进的机会。

⑥ 达到目标所需的资源。

质量目标应当以组织内人员都能对其实现做出贡献的方式加以沟通。质量目标的展开职责应当予以规定。质量目标应当系统地进行评审并在必要时进行修订。

(3) 质量策划首先是对产品质量的策划，这项工作涉及了大量有关产品的专业知识以及有关市场调研和有关信息收集方面的知识，因此在产品策划工作中，必须有设计部门和市场部门的人员的积极参与和支持。

(4) 应根据产品策划的结果来确定适用的质量管理体系要素和采用的程度。质量管理体系的设计和实施应与产品的质量特性、目标、质量要求和约束条件相适应。对有特殊要求的产品、合同和措施应制订质量计划，并为质量改进做出规定。因此编制质量计划可以是质量策划的一部分。

(5) 质量策划还必须规定出必要的运行过程和相关资源，这种策划应当注重对有效和高效地实现与组织战略相一致的质量目标及要求所需的过程做出规定。

7.2.2　质量策划的输入与输出

有效和高效的策划的输入包括：组织的战略、已确定的组织目标、已确定的顾客和其他相关方的需求和期望、对法律法规要求的评价、对产品性能数据的评价、对过程性能数据的评价、过去的经验教训、已显示的改进机会、相关风险的评估及减轻的数据。

组织的质量策划的输出应包括：组织所需的技能和知识；实施过程改进计划的职责和权限；所需的资源，如资金和基础设施；评价组织业绩改进成果的指标；改进的需求，包括方法和工具改进的需求；文件的需求，包括记录的需求。

管理者应当对质量策划的输出进行系统的评审，以确保组织过程的有效性和效率。

7.2.3 质量策划范围

组织应对如何满足质量要求做出规定，并形成文件。质量策划应与企业质量管理体系的所有其他要求相一致并形成适于企业操作的文件。为了满足产品、项目或合同的规定要求，质量策划应适当考虑下述几方面：

(1) 确定和配备必要的控制手段、过程、设备(包括检验和试验设备)、工艺装备、资源和技能，以达到所要求的质量。

(2) 确保设计、生产过程、安装、服务、检验和试验程序与有关文件的相容性。

(3) 必要时更新质量控制、检验和试验技术，包括研制新的测试设备。

(4) 确定所有测量要求，包括超出现有水平但在足够时限内能开发的测量能力。

(5) 在产品形成适当阶段确定合适的验证。

(6) 对所有特性和要求包括含有主观因素的特性与要求明确接收标准。

(7) 编制质量计划。

(8) 确定和准备质量记录。

7.2.4 质量策划内容

质量策划首先是确定质量目标和质量要求,然后再确定质量管理体系过程的目标和要求。这些活动通常包括管理产品策划和运作策划、编制质量计划和做出质量改进的决定,并对质量特性进行识别、分类和比较,建立其目标值、质量要求和约束条件。

产品策划应包括产品寿命周期各阶段的质量职能,具体有:

(1) 了解企业的业务政策和用户对质量的要求以及满足要求的程度。

(2) 列出企业(不论企业内或企业外的)应进行的主要活动,以便达到上述要求。

(3) 对每一阶段要进行的活动和具体工作做出详细分析。

(4) 制定一个说明工作何时开始和完成的时间表。

(5) 明确职责和权限,制定一个产品策划的各个阶段职责表。

(6) 为按期完成策划项目实施各种有关控制。

1. 管理和运作策划

为实施质量管理体系进行准备所需的工作包括组织和安排。影响管理和运作策划的主要因素有:规划项目的复杂性、制造过程的组织形式、技术知识以及管理哲学。

1) 规划项目的复杂性

产品制造计划的制订是根据新产品或新工艺的设计、产品和工艺的改革,以及改进质量的分析进行的。在这些规划项目中,有一部分确实是"重

"大"项目，例如，开辟一个新的产品系列、一个大型生产车间的自动化等。这些重大规划项目要求要设置专门组织机构，不仅要负责计划和协调制造方面与作业运作方面的活动，而且也要负责其他职能方面的各种活动。

2) 制造过程的组织形式

绝大多数的工业制造过程都不外是独立部门形式、装配"树"形式、序列形式三种基本形式中的一种。这些形式不但对正式制订计划的范围有重大的影响，而且对选谁来进行计划工作也有重大的影响。

(1) 独立部门形式。在这种制造过程的形式下，一个单独的自给的生产部门接收各种基本资源，然后制成成品或提供服务。工具车间就是大家熟悉的一个例子。

这种独立的生产部门(车间)很可能有正规的计划，但如果如此，计划人员往往就是这一独立生产部门的一个成员。在小规模的独立生产部门(车间)里，计划工作是由部门(车间)的主管人员甚至是由工人担任的。

(2) 装配"树"形式。这种人们所熟知的制造过程广泛地用于制造机动车辆、家用器具，电子设备等产品的大型机构工业和电子工业。装配"树"形式的树根是为数众多的供应者和本企业内生产零件与部件的各生产部门。其他一些部门则把零件和部件装配起来造成成品。

装配"树"形式需要制定两种截然不同的计划，即各生产部门(车间)的计划和生产部门(车间)本身的计划。在大规模经营时，各生产部门(车间)之间的计划必须交由职能计划人员去制定，而生产部门(车间)本身的计划虽然有时候也由职能计划人员制定，但并非必须如此。

(3) 序列形式。为数众多的企业内各生产部门(车间)多采用序列形式，偶然还有供应者的生产部门采用这种形式。一切产品都循序向前通过各个生产部门(车间)，每个生产部门(车间)进行一些加工操作，对形成最后成果起部分作用。这种形式大量用于"分步"加工工业。在机械制造工业大量制造复合部件如机体、曲轴等时也不乏其例。

如同装配"树"形式一样，序列形式也需要各生产部门之间的计划和生产部门本身的计划。各生产部门之间的计划工作通常必须由职能计划人员承担，而生产部门本身的计划工作则可以有所选择。

3) 技术知识

如将生产部门的计划工作委派给该部门的主管人员和工人，则他们必须具备完成这项任务所需的技术知识，包括阅读和理解技术规格说明书、顾客订货单、各生产部门之间的计划和其他资料的能力。还包括了解机床、工具、仪表和其他设施以及有关的成本数据知识，以便做出计划上的判断，达到质量标准、成本要求和按期交货。

在尚未掌握这些技术知识的地方(例如，在某些"发展中"国家)，生产部门的制造计划工作不能安排给缺乏这些知识的主管人员和工人。而在已掌握了这些技术知识的地方，把生产部门计划工作安排给主管人员和工人是完全可行的。这样做的原因通常是由于思想习惯在管理中的阻力作用，即人们不愿意执行这种安排。

4) 管理哲学

许多工业化的国家几乎极少安排生产部门(车间)的主管人员和工人去做计划工作。在美国，这种状况多半是泰勒(Taylor)制度的残余，即就是要把制造和生产也就是把计划的制订和实施分开的思想造成的。

泰勒制度是在 20 世纪初提出来的，当时工厂的领班们和工人们文化水平还很低，而与此同时，工厂所用的工艺却日新月异，越来越复杂。由于这个制度对提高生产率卓有成效，因而在美国风行一时，并从此打下了牢固的根基，迄今仍然为从事制造计划工作的人们不论在处理各生产部门之间的计划时还是在制定生产部门的计划时都奉为法规。

在此期间，泰勒制度的主要前提(即领班们和工人们技术上的无知无识)已由于他们文化水平的显著提高而成为陈迹。某些国家的工业公司已经认识到具有这种文化水平的人们有进行计划工作的能力，因而安排他们担当制造计划方面的工作。在美国，因为泰勒制度的广泛流行而造成的思想习惯模式，在工业经理、职能计划人员、工会领导人、大学教授以及其他一些人中间形成了重要的既得利益和原则信仰。这些信仰综合起来就成了一道严重的障碍，使人们不能有效地利用多数人的文化水平在计划工作中发挥作用。

2．编制质量计划

质量计划是指针对特定的产品、项目或合同，规定专门的质量措施、资源和活动顺序的文件。

在一个组织机构内，为保证能恰当地计划和说明对已确定的产品或项目的具体质量要求，可使用质量计划。在合同环境，供方也可使用质量计划向顾客证实自己是如何满足具体合同中的特定质量要求的。在许多情况下，得到顾客的输入将有利于制订质量计划。

编制的质量计划应与其他计划相协调。质量计划通常与符合 ISO 9001、ISO 9002、ISO 9003 要求的质量管理体系一起使用。如果供方没有建立这样的质量管理体系，那么质量计划应规定如何满足要求。

质量计划提供了一种结构，从而将产品、项目或合同的特定要求与现行的通用质量管理体系程序联系起来。这样做不需要制定一套完整的高于和超出现行规定的程序或指导书，但有时要增加一些必要的程序文件。

产品是指活动或过程的结果，可以是有形的或无形的，或两者的组合，通常分为硬件、软件、流程性材料和服务 4 个通用类别。

合同是指双方或多方之间具有法律约束的协议。

项目是指在确定的起始日期和(或)完成日期内，按照规定的要求提供特定的产品所开展的协调和管理活动。项目要求在组织中临时调配人力和物力资源以实现确立的目标，它通常具有下列特点：

(1) 由相互关联的任务组成，其相互影响可以是复杂的。

(2) 是唯一的(不重复的)。

(3) 具有特定的目标。

(4) 确定了时间安排和费用。

1) 质量计划的编制、评审和认可

(1) 编制。编制质量计划时，应确定质量活动并形成文件。通常供方的质量手册和支持性程序中会包括所需的大多数通用文件，可根据需要对其进行选择、采用和(或)补充。质量计划应指出如何将通用的程序文件与产品、项目或合同所特有的一些必要补充文件组合起来，以实现规定的质量目标。

质量计划应规定直接采用或引用的相应程序或其他文件，并说明如何执行所要求的活动。计划的格式和详细程度应与顾客的要求、供方的操作方法和将要完成活动的复杂性相适应，计划应尽可能的简明，并符合标准的规定。当供方不具备明确的、文化的质量管理体系时质量计划可作为一套独立的文件。根据顾客的要求和供方具体的业务情况，质量计划也可作为其他文件或某些文件(如产品计划或项目计划)的组成部分。应制定阶段质量计划(如设计、采购、生产计划)，这样，质量计划就可由许多部分组成，检验和试验计划可以是其中的一个内容。

(2) 评审和认可。应将质量计划提交由权威代表组成的小组进行评审，这些代表来自供方组织的各有关部门。

供方可能会将质量计划提交给顾客进行评审认可。在合同情况下，这可作为签订合同前投标过程的一部分，也可在合同签订后进行。

如果将提交质量计划作为投标过程的一部分，且在提交计划之后再签订合同，那么就应根据合同签订前的谈判结果对质量计划进行修改，以反映要求的更改。

当合同要求制订质量计划时，通常应在活动开始前提交质量计划。在开始执行合同的各阶段之前，供方应向顾客提交相应阶段的质量计划。如果合同中有约定，计划中所引用的程序应易于顾客对其进行评审。

2) 质量计划的内容

质量计划的内容应以采用的标准和质量管理体系为依据，阐述与产品、项目或合同有关的以下过程。

(1) 质量管理体系总要求。

(2) 文件要求及控制：质量手册、程序文件、记录等。

(3) 记录控制。

(4) 管理承诺。

(5) 质量方针。

(6) 质量目标。

(7) 质量管理体系的策划。

(8) 职责和权限。

(9) 内部沟通。

(10) 管理评审。

(11) 资源管理。

(12) 产品实现的策划。

(13) 与产品有关的要求的确定。

(14) 与产品有关的要求的评审。

(15) 顾客沟通。

(16) 设计和开发。

(17) 采购。

(18) 生产和服务提供的控制。

(19) 生产和服务提供过程的确认。

(20) 标识和可追溯性。

(21) 顾客财产。

(22) 产品防护。

(23) 监视和测量装置的控制。

(24) 顾客满意。

(25) 内部审核。

(26) 过程的监视和测量。

(27) 产品的监视和测量。

(28) 不合格品控制。

(29) 数据分析。

(30) 持续改进。

(31) 纠正措施。

(32) 预防措施。

7.3　质 量 控 制

质量控制(Quality control)是质量管理的一部分，致力于满足质量要求。

7.3.1　质量控制内涵

对质量控制的定义可作如下解释：

(1) 质量控制包含在质量管理之中，是其一部分。

(2) 定义中所说的"质量要求"需要转化为质量特性，这些质量特性可用定量或定性的规范来表示，以便于质量控制的执行和检查。

(3) 这些"质量要求"贯穿于产品形成的全过程，即存在于整个质量环中。如典型的产品质量环包括营销和市场调研、过程策划和开发、产品设计和开发、采购，生产或服务提供、验证、包装和贮存、销售和分发、安装投入和运行、技术支持和服务、用后处置等，对这些环节或阶段中有关质量的作业的技术和活动都要进行控制。

(4) 这里"致力于满足"的目的是为了监视产品形成的全过程并排除

可能出现的质量问题。

(5) 质量控制和质量保证的某些方面是重叠的，即某些质量活动既满足了质量控制的要求，同时也满足了质量保证的要求。

7.3.2　质量控制范围与过程

质量形成于生产全过程，为生产出符合要求的产品，必须使影响产品质量的全部因素在生产全过程中始终处于受控状态。因此质量控制是指生产全过程的质量控制，只在某些环节实施控制还不能使最终产品质量符合要求。通常有设计过程的质量控制、制造过程的质量控制、销售和服务的质量控制、监督的质量控制等。

"将活动和相关的资源作为过程进行管理，可以更高效地得到期望的结果"(GB/T 19000—2000)，称之为过程方法。这里所说的"更高效地得到期望的结果"是使用过程方法的目的，为了达到这个目的，才将所涉及的活动和相关的资源作为过程进行管理，以达到保证过程增值的目的。

1．过程管理概述

过程管理是指管理者应当识别实现产品以满足顾客和其他相关方的要求所需的管理过程。为了确保产品能够实现，组织机构应当考虑相关的支持过程以及预期的输出、过程的步骤、活动、流程、控制手段、培训需求、设备、方法、信息、材料和其他资源。

组织机构应当对包括下述内容的运作计划做出规定，以便对过程进行管理：输入和输出要求(如规范和资源)；过程中的活动；过程和产品的验证和确认；过程的分析，包括可信性；风险的识别、评估和减轻；纠正和预防措施；过程改进的机会和措施；对过程和产品更改的控制。

支持过程可包括：信息的管理；人员的培训；与保障有关的活动；基础设施的维护和服务的保持；安全或防护设备的使用；营销。

2．过程的输入、输出和评审

过程方法应当确保对过程的输入做出规定并予以记录，以便为确定输出验证和确认要求奠定基础。输入可来自组织内外。

组织机构可与受影响的内外各方共同协商解决模糊或矛盾的输入要求。由未经充分评价的活动而导出的输入则应当通过随后的评审、验证和确认进行评价。组织机构应当识别产品和过程的重要或关键特征，以便制定有效和高效的计划来控制和监视过程内的活动。

需考虑的输入的事项可包括：人员的能力、文件、设备的能力和监视；卫生、安全和工作环境。对照过程输入要求(包括验收准则)加以验证的过程输出应当考虑顾客和其他相关方的需求和期望。就验证的目的而言，输出应当根据输入要求和验收准则予以记录和评价。这种评价应当包括在提高过程的有效性和效率方面必须采取的纠正措施、预防措施或可能的改进。产品的验证可在运行过程中进行，以便识别产品质量是否变差。

组织机构的管理者应当对过程业绩进行定期评审，以确保过程与运行计划相一致。这种评审的内容可包括：过程的可靠性和重复性；对潜在不合格的识别及预防；设计和开发输入和输出的充分性；输入和输出与所策划目标的一致性；改进的潜力；未解决的问题。

3．产品和过程的确认和更改

管理者应当确保对产品的确认能证实产品满足顾客和其他相关方的

需求和期望。确认活动可包括建立模型、模拟和试用，以及顾客和其他相关方参与的评审。需考虑的事项应当包括：质量方针和目标；设备的能力或鉴定；产品的生产条件；产品的使用或应用；产品的处置；产品的寿命周期；产品对环境的影响；使用自然资源(包括材料和能源)所产生的影响。

组织应当以适当的时间间隔对过程进行确认，以确保及时地对影响过程的更改做出反应，尤其应当注意对具有以下特点的过程的确认：具有高价值和安全性至关重要的产品；仅在产品使用时才暴露出产品的不足；不可重复的过程；无法对产品进行验证。组织应当有效和高效地控制更改的过程，以确保产品或过程的更改对组织有利，并能满足相关方的需求和期望。组织应当对更改进行识别、记录、评价、评审和控制，以便了解更改对其他过程以及顾客和其他相关方的需求与期望的影响。组织应当记录和传达任何影响产品特性的过程更改，以保持产品的符合性，并为采取纠正措施或改进组织的机构或单位提供信息。组织还应当明确更改的权限，以确保对更改进行控制。组织应当在任何相关的更改后对以产品形式存在的输出进行确认，从而确保更改达到预期结果。

组织可考虑使用模拟技术为预防过程故障或失效制订计划，并应当通过风险评估来评价过程中可能产生的故障和失效及其影响。评价结果应当用来确定并实施预防措施，以减轻已识别的风险。风险评估的方法可包括：故障模式、影响与危害性分析，故障树分析，关联图，模拟技术和可靠性预报。

4．与相关方有关的过程

管理者应当确保组织机构对与其顾客和其他相关方相互认可的，有效和高效的沟通过程做出规定。组织机构应当实施和保持这样的过程，以确保充分理解相关方的需求和期望，并将其转化为组织的要求。这些过程应当包括对相关信息的识别和评审，并使顾客和其他相关方积极参与。相关过程的信息包括：顾客或其他相关方的要求；市场调研，包括行业和最终使用者的数据；合同要求；竞争对手的分析；企业管理水平对比；法律法规要求的过程。组织机构应当在表示同意之前充分理解顾客或其他相关方对过程的要求，且这种理解和其影响应当为参与者共同接受。

5. 设计和开发过程

设计和开发过程具体包括以下内容。

1) 通用指南

管理者应当确保组织机构对所必需的设计和开发过程做出规定，并予以实施和保持，从而有效和高效地对顾客和其他相关方的需求和期望做出反应。

在设计和开发产品或过程时，管理者应当确保组织不仅要考虑产品或过程的基本性能和功能，而且还要考虑影响满足顾客和其他相关方所期望的产品和过程性能的所有因素。如组织应当考虑寿命周期、安全和卫生、可试验性、可使用性、易用性、可信性、耐久性、人体工效、环境、产品处置和已识别的风险。

管理者还有责任确保采取措施识别和减轻对组织机构的产品和过程的使用者存在的潜在风险。风险评估应当评价产品或过程中可能出现的故障或失效及其影响。这种评价结果应当用来确定和实施预防措施，从而减轻已识别的风险。设计和开发的风险评估方法包括：设计故障模式和影响分析、故障树分析、可靠性预报、关联图、排序技术和模拟技术。

2) 设计和开发的输入与输出

组织机构应当对影响产品设计和开发以及促进有效和高效的过程性能的过程的输入加以识别，以满足顾客和其他相关方的需求和期望。这些外部的需求和期望与组织机构内部的需求和期望都应当适合于转化为设计或开发过程的输入要求，这些输入可包括：

(1) 外部输入：顾客或市场的需求和期望；其他相关方的需求和期望；供方的贡献；来自使用者以实现稳健设计和开发的输入；相关法律法规要求的变化；国际或国家标准；行业规范。

(2) 内部输入：方针和目标；组织机构内人员的需求和期望，包括来自过程输出接受者的需求和期望；技术开发；设计和开发的人员应当具备的能力要求；从以往经验获得的反馈信息；现有过程和产品的记录与数据；其他过程的输出。

(3) 对确定产品或过程的安全性和适当功能以及维护保养至关重要的特性的输入：运行、安装和应用；贮存、搬运和交付；物理参数和环境；产品处置的要求。

基于对最终使用者和直接顾客的需求和期望的评估而获得的与产品有关的输入很重要。这种输入应当以能对产品进行有效和高效的验证和确认的方式来表达。

输出应当包括能按已策划的要求进行验证和确认的信息。设计和开发的输出包括：证实将过程输入与过程输出进行比较的数据；产品规范，包括验收准则；过程规范；材料规范；试验规范；培训要求；使用者和顾客的信息；采购要求；鉴定试验报告。设计和开发输出应当对照输入进行评审，以便提供输出是否有效和高效地满足了过程和产品要求的客观证据。

3) 设计和开发评审

管理者应当确保指派适宜的人员管理和实施系统的评审，以便确定是否达到了设计和开发目标。这样的评审可在设计和开发过程的选定阶段以及结束时进行。

评审的内容包括：输入是否足以完成设计和开发任务；已策划的设计和开发过程的进展情况；满足验证和确认的目标；评价产品在使用中潜在的危害或故障模式；产品性能的寿命周期数据；在设计和开发过程期间对更改及其影响的控制；问题的识别和纠正；设计和开发过程改进的机会；产品对环境的潜在影响。

组织机构应当在适宜阶段对设计和开发的输出以及过程进行评审，以满足顾客和组织中接收过程输出的人员的需求和期望。此外，组织还应当考虑其他相关方的需求和期望。

设计和开发过程的输出验证活动包括：将输入要求与过程的输出进行比较；采用比较的方法，如采用可替代的设计和开发计算方法；对照类似的产品进行评价；试验、模拟或试用，以验证输出符合特定的输入要求；对照以往的过程经验所吸取的教训进行评价，如，不合格和不足之处。

设计和开发过程输出的确认对于顾客、供方、组织机构内人员和其他相关方是否乐于接受和使用组织的产品非常重要。

受影响的各方参与评审可使实际使用者通过以下方式对输出做出评价：工程设计确认；安装或使用前的输出确认；广泛采用以前的服务确认。

为了对产品的未来应用提供信任，可能需要对设计和开发的输出进行部分确认。

组织机构应当通过验证和确认活动获得足够的数据，以便对设计和开发的方法与决策进行评审。对设计和开发方法的评审应当包括：过程和产品的改进；输出的可用性；过程和评审记录的适宜性；故障的调查活动；未来的设计和开发过程的需求。

6. 运作和实现

管理者应当深化对实现过程的控制，以便做到既符合要求，又使相关方获益。管理者可通过提高实现过程以及相关支持过程的有效性和效率来实现，如：减少浪费；人员的培训；信息的沟通和记录；供方能力的开发；基础设施的改善；问题的预防；方法和过程投入产出比；监视方法。

管理者应规定并实施产品的搬运、包装、贮存、防护和交付的过程，以防止产品在生产过程和最终交付时损坏、变质或误用。在确定和实施有效和高效的过程以保护采购材料时，管理者应当吸收供方和合作者参加。

管理者应当考虑因产品性质所引起的任何特殊要求的需求。这些特殊要求的需求有：软件、电子媒体、危险材料、为具备特殊技能的人员提供服务、安装或应用的产品，以及与独特的或不可替代的产品或材料有关的需求。

管理者应当在产品整个寿命周期防止产品损坏、变质或误用，以及保护好产品所需的资源。同时，组织应当与所涉及的相关方就保护产品在整个寿命周期的预期用途所需资源和方法方面的信息进行沟通。

7. 组织机构的持续改进

为了有助于确保组织机构的未来并使相关方满意,管理者应当创造一种文化,以使组织机构内人员都能积极参与寻求过程以及活动和产品性能的改进机会。

为使组织机构内人员积极参与,管理者应当营造一种环境来分配权限,从而使组织机构内人员都得到授权并接受各自的职责,以识别组织机构业绩的改进机会。通过下述活动可做到这一点:确定人员、项目和组织机构的目标;与竞争对手的业绩和最佳做法进行水平对比;对改进的成就给予承认和奖励;建议计划,包括管理者及时做出的反应。

为了确定改进活动的结构,管理者应当对持续改进的过程做出规定并予以实施,这样的过程适于产品的实现和支持过程以及各项活动。为了确保改进过程的有效性和效率,组织机构应当就以下方面考虑产品的实现和支持过程:有效性(如满足要求的输出)、效率(如以时间和费用来衡量的单位产品所耗用的资源)、外部影响〔如法律法规发生变化)、潜在的薄弱环节(如缺少能力和一致性)、使用更好方法的机会、对已策划的和未策划的更改的控制以及对已策划的收益的测量。

组织机构应当将持续改进的过程作为提高组织机构内部有效性和效率以及提高顾客和其他相关方满意程度的工具。管理者应当支持将渐进的持续改进活动作为现有过程以及突破性机会的组成部分,以便为组织机构和相关方带来最大利益。

支持改进过程的输入可包括来自以下方面的信息:确认数据;过程的投入产出比数据;试验数据;自我评定的数据;相关方明示的要求和反馈;

组织机构内人员的经验；保障数据；产品性能数据；服务提供的数据。

管理者应当确保产品或过程的更改得到批准、优化、策划、规定和控制，以满足相关方的要求并避免超出组织机构的能力。

7.4 质量评估

评估是指评价、估量、测算。一般而言，评估是评价与估算的统称。评价是对特定系统的关系、结构等方面的合理性提供信息，而估算是对特定系统的有关数量指标提供信息。评估是评估主体通过定性、定量方法对系统状况的好坏提供综合与单项信息的过程。试验质量管理评估是管理者通过监视、测量、分析等手段得到数据和结论，对质量管理体系进行评价和改进的过程。

7.4.1 质量评估目的

质量评估目的是质量改进。组织应确定并选择改进机会，并采取必要措施，以满足顾客要求和增强顾客满意。这些措施应包括：改进产品和服务，以满足要求并应对未来的需求和期望；纠正、预防或减少不利影响；改进质量管理体系的绩效和有效性。

改进的内容可包括纠正、纠正措施、持续改进、突破性变革、创新和重组。

1. 不合格产品和服务的改进

当出现不合格产品和服务(包括来自投诉的不合格)时，组织应采取以下措施：

(1) 对不合格产品和服务做出应对，并在适用时采取措施加以控制和纠正并处置后果。

(2) 通过下列活动评价是否需要采取措施以消除产生不合适产品和服务的原因，避免其再次发生或者在其他场合发生：评审和分析不合格产品和服务；确定不合格产品和服务的原因；确定是否存在或可能发生类似的不合格产品和服务。

(3) 实施所需的措施。

(4) 评审所采取的纠正措施的有效性。

(5) 需要时更新在策划期间确定的风险和机遇。

(6) 需要时变更质量管理体系。

纠正措施应与不合格产品和服务所产生的影响相适应。

当产品和服务发生严重、重大质量问题时，组织应实施问题的技术归零和管理归零。当确认不合格产品和服务是外部供方的原因所致时，组织应要求外部供方采取纠正措施，并评价措施的有效性。

组织机构应按照 GJB 841 建立并运行产品和服务的故障报告分析和纠正措施系统，并将与最终产品和服务质量有关的问题和纠正措施及其结果向顾客通报，同时举一反三。管理归零的 5 条要求为：过程清楚、责任明确、措施落实、严肃处理、完善规章。

2．持续改进

组织机构应持续改进质量管理体系的适宜性、充分性和有效性，以及应考虑分析和评价的结果以及管理评审的输出，以确定是否存在需求或机遇，同时这些需求或机遇应作为持续改进的一部分加以应对。组织机构应制定和实施质量管理体系年度改进计划，并对完成情况进行评价。

7.4.2 质量评估内容

1. 过程能力评估

过程能力是指处于稳定生产状态下的过程的实际工作能力。任何过程中产品的质量变异是客观存在的，既要承认这种变异，又要对其进行限制，这就是质量要求。如在设计过程中给定其质量特性值的公差范围、材料成分的公差值、机械加工尺寸的公差值、表面镀层厚度的公差值等，并以此作为评定产品质量是否合格的标准。但是，产品的设计质量是靠加工质量予以保证的，每一加工过程的质量保证程度就是过程能力。因此，对过程能力的分析和研究就成为保证产品质量符合标准的重要环节。

所谓处于稳定生产状态下的过程是指：原材料或上一道过程半成品按照标准要求供应；本过程按作业标准实施，并应在影响过程质量各主要因素无异常的条件下进行；过程完成后，产品检测按标准要求进行。

总之，过程实施以及前后过程均应标准化。对在非稳定生产状态下的过程所测出的过程能力是没有任何意义的。显然过程能力的测定一般是在成批生产状况下进行的。过程满足产品质量要求的能力主要表现在：产品质量是否稳定；产品质量精度是否足够。

因此，当确认过程能力可以满足质量精度要求的条件下，过程能力是以该过程产品质量特性值的变异或波动来表示。产品质量的变异可以用频数分布表、直方图、分布的定量值以及分布曲线来描述。在稳定生产状态下，影响过程能力的偶然因素的总合格结果近似地服从正态分布，为了便于过程能力的量化，可以 3σ 原则来确定其分布范围。

2. 管理评审

管理者应按照策划的时间间隔对组织机构的质量管理体系进行评审，以确保其持续的适宜性、充分性和有效性，并与组织机构的战略方向保持一致。产品和服务发生重大质量事故，以及组织机构的质量管理体系发生重大变化，组织机构应及时进行专题管理评审。

1) 管理评审输入

策划和实施管理评审时应考虑下列内容：

(1) 以往管理评审所采取措施的情况。

(2) 与质量管理体系相关的内外部因素的变化。

(3) 有关质量管理体系绩效和有效性的信息包括：顾客满意和有关相关方的反馈、质量目标的实现程度、过程绩效以及产品和服务的合格情况、不合格及纠正措施、监视和测量结果、审核结果、外部供方的绩效。

(4) 资源的充分性。

(5) 应对风险和机遇所采取措施的有效性。

(6) 改进的机会。

(7) 质量经济性分析情况。

(8) 重大质量问题的归零情况。

2) 管理评审输出

管理评审输出应包括与下列事项相关的决定和措施：改进的机会、质量管理体系所需的变更、资源需求、顾客提出的改进要求。

组织机构应保留成文信息，以此作为管理评审结果的证据，同时应对管理评审输出落实情况进行跟踪、验证。

　　对质量管理评估而言，过程能力评估属于整个系统的过程分系统评估，对组织机构的各个职责部门具有较为具体而重要的指导价值。对整个质量管理系统而言，从系统论的角度，过程能力评估主要针对质量管理体系，因此，与质量评审相结合的质量管理评估更加具有宏观指导意义。

第八章　质量管理与质量监督的模式

质量管理与质量监督的目标是一致的,甚至一些影响因素和原则都是相同的,其实施过程中的最终落脚点都是提升产品与服务质量,服务于组织战略实施。但两者在实施方式和手段上又有不同,特别是在模式上存在质的差异。

8.1　质量管理模式

质量管理模式是随着社会和技术发展而变化的,并随着生产方式的变化而调整。在信息化时代,产品全球化促进了质量管理的快速发展,引起了质量管理领域向更加融合、更加标准的方向变革。当前,主流的质量管理模式有全面质量管理模式、ISO 9000 模式和卓越绩效模式。

8.1.1　全面质量管理模式

从 20 世纪 20 年代起,质量管理经过了几次变革,到了 60 年代,形成了全面质量管理理论并在工业发达国家中得到广泛应用。因此,质量管理理论随着科技进步和生产的发展不断得到提高。质量管理从单纯的质量检验发展到全面质量管理，是从量到质的飞跃。全面质量管理是对质量管理工作的丰富和发展，全面质量管理是质量管理的进一步发展。

所谓全面质量管理，即企业所有组织机构和全体人员以产品质量为核心，把专业技术、管理技术与数理统计结合起来，建立起一整套科学、严谨、高效的质量体系，控制产品质量形成全过程中影响产品质量的各种因素，以优质的工作、最经济的办法，生产出满足用户所需产品的活动。全面质量管理的基本要求和方法可归纳为以下几点。

1．满足用户需求

全面质量管理强调把一切为了满足用户的需要作为出发点，以符合用户需求的质量为目标，树立为用户服务的思想，生产出为用户所满意的产品。一切为用户服务，在企业内部表现为"下道工序即用户"。复杂产品的零件成千上万，整个零件生产都要经过许多工序，任何一道工序出了问题，就会导致零件不合格，都有可能造成整机产品出现质量隐患和质量问题。因此，在产品生产过程中，只有每道工序都为下一道工序负责，整机产品出厂质量才有可靠保证。一切为用户的思想，在组织外部就是要满足用户对产品质量的需要，以用户是否满意作为衡量产品质量的唯一标准。组织质量管理的首要任务就是要根据用户对产品的质量要求来确定组织管理的质量标准。

2．全面参与

全面质量管理是产品质量管理的有效方法。从全面质量管理的概念可以看出全面质量管理的核心是"全面"二字，其主要内容包括对全面质量的管理、全过程的管理、全体人员参加的管理和全面采用科学方法的管理。国务院参事、北京理工大学郎志正教授将全面质量的全面参与总结为"头QC"(Top management participation)。

1) 对全面质量的管理

组织机构从最高管理层、中间管理环节，一直到最基层的业务生产单位，每个部门、班组都直接地决定或影响产品质量。质量管理绝不是某一环节、某一部门或某一层次的责任，而是组织全面的共同任务。它包括对产品质量的保证、产品质量缺陷的预防、工作质量的提高、价格是否合理、保证交货期和做好售后服务等广泛的内容。

2) 全员参加的质量管理

产品质量是组织机构各项工作的综合反映。从组织机构的党、政、工、团各级领导，到生产、行政、后勤、服务、人事劳资、安全教育等部门工作人员，都与产品质量有直接或间接关系，即产品质量是组织机构全体员工工作质量的集中反映，组织机构全体员工的工作质量是产品质量的根本保证。全面质量管理是组织机构全体员工的共同责任。组织机构的每个成员，从书记、经理，直到每个员工都应该具有正确的质量意识和承担质量责任，都应置身于组织机构的质量保证体系之中，并以一定的形式参加质量管理活动，为实现产品质量目标履行自己的职责。同时，全员参加的质量管理又是现代组织实行民主管理的具体体现。提高产品质量需要组织机构全体员工齐心协力，共同努力。只有人人参加质量管理，人人都对质量负责，都用自己优异的工作质量来保证产品质量，组织机构的质量管理才能有坚实的群众基础。

3. 全过程管理方法

产品质量是设计、生产出来的，不是检验出来的。也就是说质量不是检验的产物，而是过程的产物。质量是在设计、生产过程中形成的，单纯的"事后检验"不能防止不合格品的产生，只能起到挑出不合格品的作用，因此单凭事后检验，不能从根本上保证产品质量。全面质量管理把"事后检验"的被动管理变成为"事先预防"的主动管理，把不合格品消除在其产出之前。具体方法是基于 PDCA 循环实施管理，并对过程风险进行有效把控。

产品质量形成过程与市场调查、计划、设计、制造、检查和销售服务等各环节紧密联系，既要明确分工，又要密切配合，全面组织各个环节的全过程管理，以保证提高产品质量。产品质量的形成过程是一个螺旋式上升的过程。这一过程大致可以分为市场调查、论证研究、设计、验收、批量生产前准备、正式生产、检查、包装入库、销售和服务等阶段。全面质量管理就是对这样一种螺旋形上升的质量管理活动全过程所进行的管理。

4. 基于数据的管理

全面质量管理是在现代科学技术和科学管理基础上产生和发展起来的。它从系统理论出发，综合运用自然科学、技术科学、经济科学和管理科学的成果，根据不同的实际情况，采用不同的分析、控制和管理方法，从而显著改善和提高产品质量。在全面质量管理理念中，科学管理的基础是数据。全面质量管理一切以数据说话，强调质量的痕迹管理和定量管理。

数理统计方法是进行质量控制的重要科学方法。其作用在于：一是有助于观察和掌握产品生产的质量动态和趋势；二是有助于分析质量、查找原因，提供解决线索；三是有助于发挥技术能力。组织的质量管理的科学化，使得组织的生产经营活动更加适应科学发展的需要，可更好地发挥统计方法和应用专业技术。

同时，全面质量管理也是全指标的综合管理。根据质量的广义概念，质量管理也必须是广义的管理。全面质量管理必须对产品质量、产量、成本和进度，以及使用、维修等实行全面的综合管理。这就是说，虽然质量是中心，但是仅有质量而不对产量、成本、进度、使用、售后服务等提出要求，还不能称为全面质量管理。

为了提高全面质量管理工作质量，要着重抓好以下 4 点工作：

(1) 提高组织机构内部各类人员的素质，使其胜任其本职工作，其中以领导干部最为关键；

(2) 要根据组织机构方针和质量目标，通过制定各项业务标准和各种操作标准来保证工作质量。组织机构工作标准一般具体由质保部门组织制定，由组织机构最高管理者审定、发布，并由质量保证部门考核其执行情况。

(3) 抓好群众性的质量管理小组建设，提高组织机构全员参与质量管理程度。

(4) 开展好质量教育活动，将质量教育贯穿产品寿命全周期，使产品质量始于教育，终于教育。

8.1.2　ISO 9000 模式

ISO 9000 质量管理体系是国际标准化组织(ISO)制定的国际标准之一，于 1987 年提出概念，源于旧有的 BS 5750 质量标准，是由 ISO/C176(国际标准化组织质量管理和质量保证技术委员会)制定的一组标准的统称。质量保证标准诞生于美国军品使用的军标。第二次世界大战以后，美国国防部吸取第二次世界大战中军品质量优劣的经验和教训，决定在军火和军需品订货中实行质量保证，即供方在生产订购的货品时，不但要按照需方提出的技术要求保证产品实物质量，还要按照订货时提出的且已订入合同中的质量保证条款要求去控制质量，并在提交货品时提交质量控制的实证文件。1978 年以后，质量保证标准被引用到民品订货中。后来英国也制定了一套质量保证标准，即 BS 5750。随后，欧美许多国家为适应供需双方的需要实行了质量保证标准，并对质量管理提出了新的要求，并在总结实践经验的基础上，相继制定了各自的质量管理标准和实施细则。

ISO-C176 是为适应国际贸易往来中民品订货质量保证做法的需要而成立的，并于 1987 年发布了世界上第一个质量管理与质量保证系列国际标准——ISO 9000 系列标准，然后于 1994 年、2000 年、2008 年、2015 年分别对 ISO 9000 质量管理标准进行了四次较大的修订。ISO 9000 系列标准将质量管理定义为：在质量方面指挥和控制组织的协调的活动。这些活动包括质量方针、质量目标、质量策划、质量控制、质量保证和质量改进等几个部分。

(1) 质量方针。

方针在管理学中一般指组织机构或企业总的发展方向，是由最高管理者制定并发布的该组织机构或企业的总的质量宗旨和方向。如奇瑞汽车公司的质量方针是：追求卓越品质，满足顾客需求，打造奇瑞品牌；持续不断改进，超越顾客期望，实现产业报国。质量方针不是具体的实施方法，而是企业管理者对质量的承诺和指导思想。

(2) 质量目标。

质量目标建立在质量方针的基础上，制定和评审质量目标都需要符合质量方针。目标进一步具体化就是质量目标。如：质量方针可以是开拓创新，可以将"在一定时期内找出新产品"作为目标并实现。奇瑞汽车有限公司根据质量方针，制定的近期目标就是提高产品质量、降低成本、提高服务质量等；中长期的目标是开发新款车型，提高生产能力，销量全国领先。

(3) 质量策划。

ISO 9000 定义的质量策划为：是质量管理的一部分，致力于设定质量目标并规定必要的运行过程和相关资源，以实现其质量目标。质量策划包括产品策划、管理和作业策划、编制质量计划。

(4) 质量控制。

质量控制是致力于满足质量要求的活动。质量控制的范围涉及产品质量形成的全过程。通过一系列作业技术和活动对全过程影响质量的人、机、料、法、环(Man、Machine、Material、Method、Environment，4M1E)诸因素进行控制。

(5) 质量保证。

质量保证主要关注预期的产品。质量保证与质量控制是相关联的，质量保证以质量控制位基础，可进一步引申到提供"信任"的目的。企业的质量保证分为内部质量保证和外部质量保证两类。内部质量保证是向企业最高管理者提供信任；外部质量保证是向顾客或者第三方提供信任。

(6) 质量改进。

ISO 9000 定义的质量改进为：质量管理的一部分，致力于增强满足质量需求的能力。企业开展质量改进应关注以下几点：质量改进通过改进过程来实现；质量改进致力于经常寻求改进机会，而不是等待问题暴露后再去捕捉机会；针对质量损失的考虑，依据三个方面的分析结果，即顾客满意度、过程效率和社会损失。

ISO 9000 全面吸收了 TQM 的思想和理念，建立了一个组织完整的质量管理体系，实行以过程为基础的质量管理体系模式。这种质量管理体系在促进全球经济一体化进程中具有十分重要的意义。由于其主要目的是证实组织机构有能力稳定地提供满足顾客和适用法律法规要求的产品，因此没有涉及满足组织机构、员工、供方和社会的要求。现行标准体系较之以前的版本，增加了组织机构背景环境分析、组织机构目标和战略、领导作用和承诺，以及组织机构的知识、风险和应急措施、机遇的管理等内容，但由于 ISO 9000 的本质特点和需求，其不足并不由此而弥补。

8.1.3　卓越绩效模式

卓越绩效模式(Performance excellence model)是当前国际上广泛认同的一种组织机构综合绩效管理的有效方法/工具。该模式源自美国波多里奇奖评审标准，以顾客为导向，追求卓越绩效管理理念，包括领导、战略、顾客和市场、测量分析改进、人力资源、过程管理、经营结果等七个方面。美国波多里奇奖评审标准后来逐步风行世界发达国家与地区，成为一种卓越的管理模式，即卓越绩效模式。它不是目标，而是提供一种评价方法。

1．基本框架

卓越绩效模式是 80 年代后期美国创建的一种世界级企业成功的管理模式，其核心是强化组织机构的顾客满意意识和创新活动，追求卓越的经营绩效。卓越绩效模式得到了美国企业界和管理界的公认，该模式适用于企业、事业单位、医院和学校。世界各国许多企业和组织纷纷引入该模式并实施，其中施乐公司、通用公司、微软公司、摩托罗拉公司等世界级企业都是运用卓越绩效模式取得出色经营结果的典范。从 2001 年起，我国质量协会在研究借鉴卓越绩效模式的基础上，启动了全国质量管理奖评审，致力于在我国企业普及和推广卓越绩效模式的先进理念和经营方法，为我国企业不断提高竞争力、取得出色的经营绩效提供多方面的服务。《卓绩效评价准则》国家标准(GB/T 19580—2004)于 2004 年 9 月正式发布，它标志着我国质量管理进入了一个新的阶段。

一个追求成功的企业，它可以从管理体系的建立、运行中取得绩效，并持续改进其业绩并取得成功。对于一个成功的企业如何追求卓越，卓越绩效模式提供了评价标准。企业可以采用这一标准集成的现代质量管理的理念和方法不断评价自己的管理业绩并走向卓越。卓越绩效模式标准框架图(如图 8-1 所示)从系统的角度对组织机构的有效运行的整体框架进行了描述，图中标号 1～7 项为卓越绩效模式的七要素。

企业作为一个经营组织机构，其运营体系是围绕组织机构的业务流程所设立的各管理职能模块组成的，而企业是否能够持续经营，取决于组织机构能否正确地做正确的事。图 8-1 中由"领导作用""战略"及"以顾客和市场为中心"组成了"领导三要素"，"以人为本""过程管理"及"经

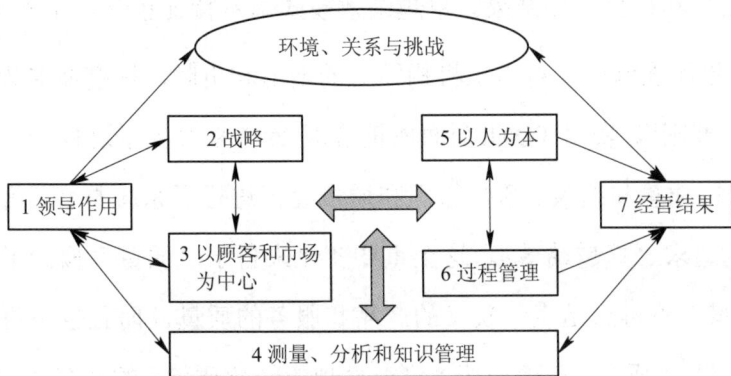

图 8-1 卓越绩效模式标准框架图

营结果"组成了"结果三要素"。其中"领导三要素"强调高层领导在组织机构所处的特定环境中通过制定以顾客和市场为中心的战略为组织机构谋划长远未来，关注的是组织机构如何做正确的事。而"结果三要素"则强调如何充分调动组织机构中人的积极性和能动性，通过组织机构中的人在各个业务流程中发挥作用和通过过程管理的规范高效地实现组织机构所追求的经营结果，关注的是组织机构如何正确地做事，解决的是效率和效果的问题。

1. 基本特征

在卓越绩效模式的七个方面中：领导是组织机构的领导，承载的是社会责任；战略包含战略制定和战略部署；顾客与市场是指对顾客和市场的了解，以及顾客关系与顾客满意程度；人力资源包含人力、财务资源、基础设施、信息、技术、相关方关系等；过程管理涵盖价值创造过程、支持过程；测量分析改进包括测量与分析、信息和知识的管理、改进等；经营结果是顾客与市场的结果、财务结果、资源结果、过程有效性结果、组织机构的治理和社会责任结果。卓越绩效模式基本特征包含以下 6 个方面。

(1) 更加强调质量对组织机构绩效的增值和贡献。标准命名为"卓越绩效评价准则",表明 TQM(全面质量管理)近年来发生了这样一个最重要的变化,即质量和绩效、质量管理和质量经营进行了系统整合,旨在引导组织机构追求"卓越绩效"。这个重要变化来自于"质量"概念最新的变化:"质量"不再只是表示狭义的产品和服务的质量,而且也不再仅仅包含工作质量,"质量"已经成为"追求卓越的经营质量"的代名词。"质量"将以追求"组织机构的效率最大化和顾客的价值最大化"为目标作为组织机构一种系统运营的"全面质量"。

(2) 更加强调以顾客为中心的理念。把以顾客和市场为中心作为组织机构质量管理的第一项原则,"组织卓越绩效"把顾客满意和顾客忠诚即顾客感知价值作为关注焦点,反映了当今全球化市场的必然要求。

(3) 更加强调系统思考和系统整合。组织机构的经营管理过程就是创造顾客价值的过程,为达到更高的顾客价值,就需要系统、协调一致的经营过程。

(4) 更加强调重视组织机构文化的作用。无论是追求组织机构卓越绩效、确立以顾客为中心的经营宗旨,还是系统思考和整合,都涉及企业经营的价值观。所以必须首先建设符合组织机构愿景和经营理念的组织机构文化。

(5) 更加强调坚持可持续发展的原则。在制定战略时要把可持续发展的要求和相关因素作为关键因素加以考虑,必须在长短期目标和方向中加以实施,通过长短期目标绩效的评审对实施可持续发展的相关因素的结果加以确认,并为此提供相应的资源保证。

(6) 更加强调组织机构的社会责任。在我国推行《卓越绩效评价准则》国家标准是我国几十年来推行全面质量管理经验的总结，是多年来实施 ISO 9000 标准的自然进程和必然结果。

2. 核心理念

卓越绩效模式指导思想是接纳先进、重视国情，注重的是能源消耗、资源综合利用、安全(生产或服务的安全、产品安全)、公共卫生、环境保护、诚信、社会道德责任等构成的"大质量"观。

卓越绩效模式建立在一组相互关联的核心价值观和原则的基础上。其核心价值观内容共有 11 条：追求卓越的领导、顾客导向的卓越、组织和个人的学习、尊重员工和合作伙伴、快速反应和灵活性、关注未来、促进创新的管理、基于事实的管理、社会责任与公民义务、关注结果和创造价值、系统的观点。这些核心价值观反映了国际上最先进的经营管理理念和方法，是许多世界级成功企业的经验总结，贯穿于卓越绩效模式的各项要求之中，应成为企业全体员工尤其是企业高层经营管理人员的理念和行为准则。

卓越绩效模式建立的目的主要有 4 个方面。

(1) 为了适应加入 WTO 所面临的挑战及日趋激烈的国际市场竞争形势，引导企业积极应对市场竞争，重视产品和服务质量，不断改进和提高管理水平。

(2) "创"新观念、新思路、新方法，探索卓越绩效管理模式与其他质量管理方法之间的关系，尝试将它们有机整合，从符合性上升到追求卓越的高度。

（3）通过导入卓越绩效管理模式，帮助组织或企业建立一个经营模式的总体框架。国家在引导中小企业努力做大、做强的同时进一步做优，激励中小企业追求卓越，在重视市场开拓、技术创新的同时，关注战略、社会责任和经营绩效等，注重资源配置和质量改进，并与可持续发展、科学发展观、名牌战略、诚信体系相结合，促进对质量改进和全面质量管理的关注和理解，以达到长期成功。

（4）发挥质量管理奖的激励作用、引导作用和促进作用。企业运用质量管理奖标准进行自我评价，与优秀企业、竞争对手、标杆进行水平对比，找出差距，促进改进与学习，将自己成功经验供广大企业分享。

卓越标准模式是完全建立在大质量概念之上的。卓越绩效模式的突出特点是：

（1）突出了战略。

（2）突出了绩效。

（3）突出了社会责任。

在我国推行卓越绩效管理模式需要结合中国国情，节约资源和有效利用能源，保证生产、服务和产品安全，关注环境保护，保障劳动者权益和讲究诚信等，并重视发展质量。这不仅是质量管理标准的要求，更是一个组织或企业最重要的社会责任。从三种模式来看，卓越绩效管理模式是一个比较完整的模式。

8.2　质量监督模式

质量监督模式是由监督对象和监督实施主体等因素共同确定的，并与国家文化和社会环境相适应，没有一种确定的、普遍适用的、可直接复制的质量监督模式存在。但是，从我国质量监督模式发展历程和国外典型(领域)质量监督模式的特点分析可以总结出一些基本规律，以供各个领域的质量监督者参考。

8.2.1 质量监督模式的发展

随着市场经济体制的逐步完善，我国产品生产和工程建设的质量监督管理模式也发生了较大变化。其发展历程可以划分为 4 个模式：单一的内部质量检查模式、质量验收检查模式、政府监督模式、第三方监督模式。

1. 单一的内部质量检查模式

建国初期到 50 年代末，我国质量监督管理实行的是单一的单位内部质量检查制度。新中国成立以后，我国实行的是高度集权的计划经济体制。社会主义公有制占国民经济的主导地位，产品生产和工程建设的目的是建立完整的国民经济体系，不断改善人民物质文化生活，产品生产和工程建设各参与者的根本利益基本一致。这种模式的特征为：产品生产与工程建筑长期被认为是"原料加工"活动，是单纯消费国家投资和材料的行为，而否定了其物质生产的本质和商品交易的属性，实际形成了一种自然经济色彩浓厚的质量管理格局：产品投资由政府行政部门按条块层层拨付，生产任务由政府下达给各承担主体，并由其按计划和行政区域向所属的组织直接下达；主要材料采取随钱走的供应方式，由生产需求单位(实际上是政府)向各项目按需调拨、计划。这种模式在建筑领域尤为明显。1953—1957 年，第一个五年计划期间，中央成立了建筑工程部，领导华北建筑工程管理局等 11 个直属建筑工程局,承担了大部分的施工任务。1955 年,国营天津第一棉纺厂发生锅炉爆炸事故后,当年 7 月我国专门针对锅炉的安全问题设立了劳动部锅炉安全检查总局,随后各地建立了安全监察制度。在这种格局中,论证、设计、生产与建设单位只是被动的任务执行者,是行政部门的附属物。因此,政府对建设参与各方的工程建设活动采取的是单向的行政管理。同时,在生产与建设的实施中,由于费用采用实报实销,不计盈亏,各参与者关注的重点是进度和质量。但是,由于当时全国没有统一的质量评定标准,需求单位又大多为非建筑专业领域,因而质量由建筑施工企业实施单位内部质量管理部门自行检查评定,自我控制和管理。

2. 质量验收检查模式

由于单一的单位内部质量检查制度使生产和质量检查工作在同一个单位领导之下,当工期、产量与质量要求产生矛盾时,往往要牺牲质量,使质量检查工作不能有效地展开。1958—1962 年,第二个五年计划期间,经国家建工部等部门向中央建议,决定对生产项目的质量监督检查工作改由需求单位建立独立的质量检查管理机构负责自控,生产单位负责以隐蔽验收为主进行质量监督检查,在一定程度上形成了需求单位和生产、实施单位相互制约与联合控制的局面,从而使我国质量监督管理从原来单一的单位内部质量检查模式进入到第二方需求单位质量验收检查制度。1961—1965 年,在国民经济调整阶段,国家各部委加强了对产品与工程质量监督管理工作的领导,出台了许多质量标准的法规制度。1962 年国务院发布《工农业产品和工程建设技术标准管理办法》,它是我国第一部标准化法律。建工部于 1963 年制定颁发了《建筑安装工程技术监督工作条例》等规定，要求产品生产与工程实施主体必须建立独立的技术监督机构，加强对产品与工程全过程的技术监督，对每一工序实行自检、互检、交接检验制度，尽量把不合格工程消灭在产品形成与工程施工过程之中。同时开始编制国家质量检验评定标准，使每个工种的检验项目、检测工具、检验方法和评定标准做到四统一，使全国各地的质量评定结果具有可比性，也方便需求单位加强对实施单位产品与施工质量的验收检查。

3．政府监督模式

20 世纪 80 年代以后，我国进入了改革开放的新时期。生产与建设领域的经营活动发生了下列重大变化：投资开始有偿使用，投资主体开始出现多元化；生产与建设任务实行招标承包制；生产与施工单位摆脱行政附属地位，向相对独立的商品生产者转变；产品生产和工程建设者、参与者之间的经济关系得到强化，追求自身利益的趋势日益突出。由于各自经济利益的冲突已经无法保证基本建设高速增长的质量控制需要，使得原有的计划经济管理体制和质量监督模式越来越不适应发展的要求。随着生产和建设规模的迅速扩大，使刚刚产生的产品与建筑市场矛盾迭起。急剧膨胀的产品和建设需求导致市场总体技术素质下降，管理脱节，并在宏观管理上出现真空。存在的主要问题有：生产与建设单位缺乏自我约束；论证、设计、实施单位内部管理失控，粗制滥造，偷工减料；政府缺乏强有力的监督制约机制，从而使产品与工程质量隐患严重，事故频频发生，使用功能无法保证。为改变我国质量监督管理体制存在的严重缺陷与不足，国家从组织和法治方面进行了适应性改革。1988 年 4 月，第七届全国人大第一次会议决定把国家标准局、计量局、国家经委质量局合并组成国家技术监督局,直属国务院,并赋予其行政执法职能。同时,国务院颁发了《关于改革建筑业和基本建设管理体制若干问题的暂行规定》等国家法规,决定在我国实行质量监督制度,改革质量监督办法,在地方政府领导下按城市建立有权威的质量监督机构,根据有关法规和技术标准对本地区的质量进行监督检查。接着各部委先后下发了《建设工程质量监督条例》等规范性文件,具体规定了质量监督机构的工作范围、监督程序、监督性质、监督费用和机构人员编制,初步构成了我国现行的政府质量监督制度。此时,各专业质量监督站也逐步开展工作。政府第三方质量监督制度的建立,标志着我国的质量监督由原来的单向政府行政管理向政府专业技术质量监督转变,由仅仅依赖单位自检自评以及需求单位的第二方验收检查向第三方政府质量监督和单位内部自控及需求单位第二方检查相结合转变。这种转变,使我国质量监督体制向前迈进了一大步。

4. 第三方监督模式

随着改革的不断深化和商品经济的发展,80 年代后期,一种对生产与建设活动较全面、较完善的社会监督方式开始出现了,这就是第三方监督制度。在产品生产和工程建设过程中,由需求单位委托具有专业技术专家、监督能力和资质的公司按国际合同惯例委派技术专家代表需求方对工程建设的现场进行综合监督管理,或对已加工完成了的产品进行质量检验。进入 21 世纪,国家从组织机构建设和法规制定等方面为实施第三方监督提供了有力的支持。2001 年 4 月,在我国即将加入 WTO 的大背景下,国务院将原国家质量技术监督局与国家出入境检验检疫局合并,组建了国家质量监督检验检疫总局，同时整合认证认可管理和标准化管理职能，相应成立了国家认证认可监督管理委员会，重点解决国内产品和进出口商品质量监管的标准不一、重复认证、职能交叉的问题。2003 年，国家质量技术监督检疫总局根据《特种设备安全监察条例》发布了《特种设备无损检测人员考核与监督管理规则》。2015 年，国务院印发了《深化标准化工作改革方案》，2017 年 11 月 4 日通过了《标准化法》修正案，反映了标准化体制改革的要求以及国家在整个监督体系中职能的转换和主导思想。在此期间，工程建设领域实施了工程监理制度，在产品生产领域实施产品检验监督与认证制度，对产品生产和工程建设的设计、生产与实施方的质量行为及其能力进行监控和督导以及评价，并采取相应的强制管理措施保证工程建设行为符合国家法律、法规和有关标准。监督的主要工作内容有：控制产品与工程进度；审核设计图纸和技术资料；检查各种原材料、设备的规格、检验报告、质量；审批供应商的生产线、工艺；检查监督安全措施；检查监督产品和施工质量；参与产品与工程验收；评估产品与工程质量等级；拟写产品与工程监理报告。第三方社会监督的扎实基础的建立，标志着我国产品生产与工程建设质量监督体制开始走向更完善的政府监督和社会监理相结合阶段。

8.2.2　世界典型国家的监督模式

1. 美国的监督管理模式

在美国，生产和建筑管理法规、技术标准对产品和工程质量提出了专门的要求。美国的质量标准有强制性标准，也有推荐性标准，有国家标准，也有地方标准，主要以地方标准为执行标准。行业各方，尤其是生产者和承包商应切实执行质量标准的具体规定。

产品生产或工程施工阶段的质量监督由现场监督人员具体负责，并直接向监督管理者进行报告。对于大项目需派质量检查人员全天候在生产现场监督日常操作，对于小项目则只需检查关键生产或施工阶段。现场专业监督人员负责现场检验，以便做好监测。现场监督人员负责检查各环节重点工作的落实效率和能力。所有的检测结果和现场检查报告以质量监督文件形式归档保存，在项目完成后移交给相关主体。组织管理者应注重控制整体质量情况。对于一些项目，需求方为了确保工程质量，还要建立自己的质量控制小组对生产质量加以监督。

有些项目在合同文件中要求由独立的实验室进行某些部件、材料的试验检测，以便确定这些部件、材料是否符合技术标准的要求。独立实验室由需求者雇佣，或由产品生产者、工程承包商雇佣并经业主批准。试验结果同时提交给需求者、设计人员和送检者，由其对试验结果是否满足合同要求进行评审。

为了充分地保证重大项目的质量，美国许多政府部门采用与 ISO 9000 系列标准非常类似的本部门的质量管理系统。以美国运输部为例，在给各州无偿提供高速公路建设投资的工程项目中，有的要求承包商具有与 ISO 9000 系列标准同等标准的质量管理体系，有的则直接以通过 ISO 9000 系列标准认证作为承包商投标的必要条件。业主委托工程咨询公司等中介服务机构在每个施工阶段结束时都要进行检查验收。只有符合质量标准的承包商才能继续进行下一阶段的工作，才能拿到工程结算款。咨询工程师通过现场巡视检查，收集信息资料，经过分析处理，得出相应结论，再向现场发出指令。

美国政府部门在质量管理中采取了积极的参与态度，尤其对于政府投资的项目，政府主管部门的质量监控更加严格。美国在法律中规定，具有相应资格或认证的单位均应接受主管官员的监督和检查。政府的检查人员分为两类：一类是政府自己的检查人员，另一类是政府临时聘请或要求需求方聘请的外部检查人员。后一类人员必须是政府认可的专业人员。检查包括随时随地检查和分阶段检查两种方式，对某些类型的项目必须进行连续性的监督检查。生产者或承包商应使过程可控、可监测，以便于监督检查顺利进行。

当缺乏足够的证据来证明法规得以严格执行时，以及当部件、材料或实施情况与法规的要求不相符合时，主管官员有权要求进行试验并确定试验的程序。试验方法必须符合法规或其他技术标准的规定，所有的试验工作应由被认可的检测机构承担。试验的费用由生产者或承包商负担。试验报告由主管官员负责保管，并按照公共记录保存到规定的期限。检查中若发现违规行为，主管官员将采取罚款、勒令停工、签订改进协议等方式加以处理，罚款数额将随着罚款次数的增加而递增。作为生产者或承包商应想方设法避免质量事故的发生，否则必将损害其自身的社会信誉和企业形象。

2. 法国质量监督模式

法国对质量监督有一套完整的技术立法为质量检查、质量鉴定提供必要依据。法国的技术法规有"NF"(法国标准)和"DTU"(法国规范)两种。

这两种技术法规对农业产品、建筑与公共工程、机械制造、水循环、电工技术和电子技术、煤气、石油工业、管理与服务、材料及其初加工、卫生、冶金与钢的初加工、信息与通信技术、交通等领域进行了规划和指导。其中，政府投资建设的公共工程等部分标准是强制性的，对私人投资的民间项目(除涉及公众安全的)则是非强制性的。为了保证建筑工程及产品的质量，法国的企业在其内部建立了完整的质量自检体系。法国的许多质量检查机构除了直接检查产品质量外，往往还要重点检查企业的质量保证体系是否健全。规模较大的企业均配备了自己的质检部门和质检设备，每道工序都要做到有质量检查记录。

法国政府主要运用法律和经济手段而不是通过直接检查来促使单位提高产品的质量。质量检查由独立的质量检查公司完成。质量检查公司不得在国内参与质检以外的任何商业活动，以保持其第三方的客观公正地位。法国的质量检查公司均配备有完善的检测设备，以保证检测数据的准确性。质量检查公司在营业前必须获得政府认可的证书。认可证书由政府有关部门组成的委员会审批颁发，获得证书的质量检查公司每隔2～3年必须经发证机构复审一次。

质量检查公司在接受了一项检查任务后，从这个项目的招投标阶段开始就参与质量管理工作。质检公司要充分了解需求者对项目的要求和目标，并提醒需求者对产品或工程质量应注意的问题重点关注。当项目进入设计阶段时，质量检查公司从方案设计到图样设计进行全面检查，对检查出的问题提交给需求者和设计单位，由他们研究解决。进入实施阶段后，质量检查公司派人到现场对材料、构配件的质量进行检查，同时根据需求者和设计单位对项目的要求及特点制定出质量检查计划,同时送交需求者和生产者或承包商,以明确哪些部位是检查重点,并且这些部位必须经过检查后方能进行下道工序的施工。由于采用了全方位的检查方式,并对重点部位做到了预检,最大限度地避免了采用事后检查将会造成的不必要的损失。

法国实行典型的强制性保险制度。法国对一些关系到国计民生的大宗产品实行强制保险制度,规定了对主要农作物和主要驯化动物等的强制保险项目。在向保险公司投保时,保险公司要求参与建设活动的所有单位对其投保项目必须遵守"NF"和"DTU"的规定。实际上"NF"和"DTU"对私人投资工程也具有强制性。随着新结构、新材料、新技术的不断涌现,"NF"和"DTU"每隔1~2年进行一次修订。《建筑职责与保险》规定,凡涉及工程建设活动的所有单位,包括业主、总承包商、设计、施工、质检等单位,均必须向保险公司投保。同时保险公司要求每项工程在建设过程中必须委托一个质量检查公司进行质量检查。由于在收取保险费时可给予优惠(一般收取工程总造价的 1%~1.5%),因此法国式的质量检查又包含了一定的鼓励性。

3. 新加坡质量监督模式

新加坡政府对质量应达到的标准制定有新加坡规范(SS),同时由于新加坡原系英国的殖民地,因此新加坡的质量规范有相当多的内容是直接引用英国规范(BS)。产品与工程项目的设计、材料及实施必须满足这些规范的要求。新加坡对工程质量的监督管理是从两个方面进行的:从消费者的角度看是通过聘请顾问专业技术人员对产品或承包商的产品或工程质量进行管理；在政府方面则是由新加坡建筑工业发展委员会(CIDB)等专职部门负责对质量进行监督管理。下面以工程建设质量为例，简要介绍新加坡质量监督理念。

新加坡建筑工业发展委员会(CIDB)制订了一套建筑工程质量评价系统(UCNQUAS)，用来对工程质量进行评定。该系统自 1989 年开始投入使用，对私人投资工程和政府公共工程均适用。UCNUQAS 各分项得分的评定是通过对承包商的操作工艺、材料及设施的使用情况三个方面来进行的。其中对结构分项及机电设备安装分项的评定是通过在施工过程中的现场检查来评定的，对装饰分项则是在工程竣工后进行评定，对所用材料的评定以检验为准，对设施使用情况的评定也是在工程竣工后进行的。

新加坡建筑工业发展委员会规定对 UCNUQAS 的评分以第一次检查的结果为准，即使承包商事后进行了改正也不对评分进行修改。通过这项规定来促进承包商提高工程质量管理水平，以确保工程质量一次施工合格，减少返工及质量隐患。新加坡建筑工业发展委员会对私人投资的工程质量是在竣工后申请使用证书时进行检查，达到政府规定的质量标准即可发给使用证书，对工程质量的奖罚由私人业主自行确定。

为加强对政府公共工程的质量管理，促进工程质量的不断提高，新加坡建筑工业发展委员会实施了工程质量奖励方案(BSCQ)和惩罚措施。工程质量奖励方案规定以前 24 个月相应建筑物类型平均的 UCNUQAS 分值作为依据，新加坡建筑工业发展委员会在此分值基础上上浮或下浮 3 分以内确定其工程质量奖励方案的基准分。承担政府公共工程的承包商在不同工程上获得的奖分及罚分可以互相抵消，对于连续 5 个工程其质量分值累计为罚分的承包商，在进行新的政府公共工程投标时，政府部门在对其进行评标时将按每1分罚分增加0.2%的投标价(最多不超过200万新加坡元)的方式对其投标价格进行调整。建筑工业发展委员会对每个欲参加政府公共工程投标的承包商其前 5 个工程的质量得分情况将在每月的第一个工作日进行公布，供各政府部门使用。除以上措施外，对于连续 5 个工程累计质量分数超过 5 个罚分的承包商，建筑工业发展委员会将降低其承担公共工程的资质等级一个级别，为期一年。对于连续 5 个工程累计质量分数超过 10 个罚分的承包商，建筑工业发展委员会将取消其参加政府公共工程投标的资格。

除了对工程质量进行检查、评定，并采取相应的奖罚措施外，建筑工业发展委员会自1991年开始大力推行 ISO 9000 质量保证体系认证工作，范围包括所有的顾问公司、工程项目管理公司、承包商及建筑材料生产商。建筑工业发展委员会认为通过 ISO 9000 质量保证体系认证可以做到从制度、组织上保证工程质量要达到要求，因此对该项工作十分重视。并规定自 1999 年 7 月开始，所有的 G6-GS 资质的承包商及参与工程造价超过 3000 万新加坡元的顾问公司都必须取得 ISO 9000 认证证书，否则不得从事相应工作。

新加坡这种以法规为准则，以奖惩为引导，相关方充分参与的质量监督模式，能够发挥相关方应有的权利和义务，并在项目实施的重要环节实施了重点监督、检验，并采用相互制约的形式使监督的职能得到充分发挥。

8.2.3　典型质量监督模式

受不同环境和主体的影响，虽然监督没有固定的模式，但由监督思想引申出的典型监督模式可供各监督者进行参考。典型的质量监督模式可以分为控制模式、责任模式和自主模式 3 种。

1. 控制模式

控制模式是指对监督对象进行全过程、全方位的监督，以使对象按照规定的路线、路径发展，确保对象的输出效果与质量。控制模式的理念是"安全取向"的强力监管，适用于规模较小、结构相对简单，或者意义重大的特殊领域。

控制模式自古就比较盛行。秦始皇统一六国以后，为了统一思想，从政治、经济、文化上进行了限定。这些都是国家大统一的基本要素，但是有些东西是国家强力机构很难驾驭的。特别是在秦朝初年，百家思想仍在争鸣之中，思想领域十分混乱，为形成一致的价值观，发生了中外闻名的"焚书坑儒"事件。暂不论事件的真实与否，从舆论自身来说，这是一种典型的舆论控制性监督模式。秦王朝下达"挟书令"，藏有儒家经典者制罪，并通过设置在各地的郡县实施舆论控制和活动限制性监督，确保政令的贯彻执行，这个过程体现了监督的控制思想。在兵器制造领域，秦朝同样开创了先河。贾谊的《过秦论》中记载，"收天下之兵，聚之咸阳，销锋镝，铸以为金人十二"。秦始皇的"禁武令"是中国古代见诸史册的最早的官方禁武。另外还有北宋五次禁武令、元朝禁刀令等，这些都是官方通过收缴民间武器、书籍等方式进行的控制性监督，并施以"擂台死伤按杀人论罪"等惩罚性措施，以确保政令的贯彻。

控制模式的基本特征是强力的意志推动、严苛的惩罚制度和规范的准则要求。强力的意志推动是实施控制性监督的必要前提，控制性监督需要监督者投入大量的人力、物力进行全方位和全过程的监督，耗费的代价十分巨大，如无强力意志推动，则无法实现如此大的资源投入。严苛的惩罚制度并贯彻落实是控制模式实现的基本保证，必须形成无可回转、必须执行的环境，以及违反需要承受不可承受之后果时组织才能实现既定的目标。规范的规则是路径和支撑，是在确定了方向和范围之后的、组织发展按照理想路线发展的支撑要素。随着社会的进步，控制模式作为一种独立的模式实施的情况越来越少，仅出现在监狱监督等极特殊领域，在其他领域则逐渐作为一种手段融入其他监督模式当中。

2. 责任模式

责任模式是指对监督对象产生与使用过程的全过程按照特定的规则划分重要节点，每个责任主体在每两个重要节点间的过程实施监督，并对过程质量和质量结果负责。责任模式除直接的责任制要求外，还有弱化监管、强化责任的内在追求，要求以实施人员的自觉与监督人员的引导为基本遵循。责任模式的基本理念是区域负责的协作监管，适用于规模适中、结构相对简单、关系较为复杂，或者实施者素质较高的特殊领域。

责任模式的典型代表是古代的连坐制度。连坐制度是本人未实施犯罪行为，但因与犯罪者有某种关系而受牵连入罪。连坐制度始于周春秋战国时期，君主专制将控制人民与占有土地视为国家的头等大事。据《周礼》记载，周朝就已专设司民之职，将什伍里甲制度作为专制时代控制人身自由的最基层的组织形式。在春秋时期的齐国，十家为一什，五家为一伍，什长、伍长负责各自辖区治安。商鞅在秦国变法，为巩固君主统治，颁布连坐法。商鞅一派法家认为，要使君主政权达到"至治"，必须使得"夫妻交友不能相为弃恶盖非，而不害于亲，民人不能相为隐"。意思是说最亲密的朋友之间，也不能互相包庇，而要向政府检举揭发，使得任何"恶""非"都不能隐匿。只有这样，"其势难匿者，虽跖不为非焉"。实行连坐法的目的就是要使人们互相保证、互相监视、互相揭发，一人有罪，多人连坐，即使是"跖"也没法为非作歹。连坐制度所打击的是与犯罪有一定社会关系的人，是定罪而不是刑罚，因此可以称此项法律制度是"关系法"。

责任模式的基本特征是团队协作。责任模式下，形成产品的过程将被按照节点划分为不同的"区间"，或将产品依据不同类型划分为不同的"模块"，每个"区间""模块"都有确定的人来承担监管责任，并对"区间""模块"的质量问题负责。其内在要求是："区间""模块"的监督负责人要做好内部的团结协作，把握自由与约束的平衡，在相对紧张的环境中实现质量利益的趋同，进而实现预计质量目标。当前社会各领域大多采用责任模式，如在军事产品生产环节，军事代表派驻各生产企业代表部队行使质量检验职能的工作方式就是根据任务分工分别进行陆、海、空等装备的质量监督。同时，在药品、进出口等方面，监督主体往往根据监督对象的不同设置不同的监督主责部门实施责任监督。

3. 自主模式

自主模式是指对生产产品与使用者进行制约监督而产品生产者和使用者对产品质量负责的监督模式。自主模式下，监督主体有两个层次：一是产品形成过程的实施者；二是对产品形成过程的实施者进行监督的组织或个人。自主模式只对特定的主体负责，减少了监督对象，主要通过法规、标准等约束相关责任主体，只通过对实施者落实相关法规、标准情况和质量方针及目标完成过程与结果进行监督和评价。自主模式的基本理念是自我负责的合作监管，适用于规模较大、结构与关系较为复杂、监督者制约力较高的特殊领域(如政府监督)。

自主模式的典型应用领域是权力监督。国家各级政权机关，主要是中央与地方、地方与基层之间，既存在着自上而下的领导关系，也存在着自下而上的监督关系，这两种关系共同构成了国家权力监督的纵向结构。在社会主义现阶段，正确处理中央与地方、地方与基层之间的纵向制约监督关系，重点在于解决中央对地方、地方对基层权力过分集中的问题，使之该管的管好，该放的放开，既不失职，也不越权，从而保证地方和基层拥有一定的自主权。正确处理中央与地方之间的监督关系，要求在保证国家政令统一的前提下，划清中央与地方的职责权限，改变过去那种中央对地方事务大包大揽的做法。对于那些地方可以管好的事务，要放手让给地方管，中央只管事关全局的重大决策、发展战略、政策法规、计划措施以及重点建设项目。正确处理地方与基层之间的监督关系，要求在保证地方有效调控的基础上，按照自主管理、自主经营的原则，将基层的经营管理权下放到各个单位，做到各单位的事务由各单位自己管，地方则按照具体政策法规为基层服务，并进行执行政策、遵守法规、完成任务、照章纳税等方面的监督。

在我国，人民是国家的主人，享有宪法和法律所赋予的各项权利：广大公民可以直接行使这些权利，直接选举和罢免人民代表，直接对国家机关及其工作人员开展监督和评议；直接参与国家大政方针的讨论并发表意见和建议。我国宪法规定："中华人民共和国公民对于任何国家机关和国家工作人员，有提出批评和建议的权利；对于任何国家机关和国家工作人员的违法失职行为，有向有关国家机关提出申诉、控告或者检举的权利"。保证宪法赋予公民的各项权利的有效行使，逐步健全与公民行使这些权利相适应的批评制度、建议制度、申诉制度、控告制度、检举制度、信访制度，是广大公民对国家机关及其工作人员的权力行为发挥监督作用的重要前提。

自主模式的基本特征是自主监督权。自主模式下，受监督对象(产品生产者或项目实施者)需要按照监督者的既定规则实施自主监督，并为产品或项目的质量负责。从自主监督的内容看，涉及经济、政治、文化、社会等各个领域和各个方面；从监督的方式看，涉及行政监督、社会监督等。在监督的各种形式中，社会舆论以其广泛性、公开性、及时性和威慑性的特点而居于重要地位。

参 考 文 献

[1] 中国人民解放军军语. 北京：军事科学出版社，2011.

[2] 中国军事大百科全书[M]. 2版. 北京：中国大百科全书出版社，2007.

[3] 易有明. 军事经济监督论[M]. 北京：国防大学出版社，2015.

[4] 肖天亮. 战略学[M]. 北京：国防大学出版社，2015.

[5] 王玉泉. 装备质量管理概论[M]. 北京：国防大学出版社，2006.

[6] 王寿林. 权力制约和监督研究[M]. 北京：中共中央党校出版社，2007.

[7] 陶帅. 装备维修保障体系能力评估[M]. 北京：国防工业出版社，2018.

[8] 沈柏林. 军品质量管理[M]. 石家庄：军械工程学院，1992.

[9] 曾勇. 建设工程质量监督管理模式研究[D]. 成都：西南交通大学出版社，2006.

[10] 高星亮，薛德庆，王德润. 枪炮质量管理[M]. 石家庄：军械工程学院，2002.